仏像イラストレーターがつくった

仏像ハンドブック

仏像イラストレーター
田中ひろみ

ウェッジ

まえがき

お寺や博物館で、お会いする仏像。私が２００７年に『仏像大好き！』（小学館）という本を出したとき、友人からは「なんか怪しげな宗教にはまってるんじゃないの？」と、当時は仏像好きというだけで奇異な目で見られがちでした。でも、２００９年に上野の東京国立博物館で開催された「国宝 阿修羅展」以降、「私も仏像が好き」という人が急に増えた気がします。もちろん以前から、仏像好きな方はいましたが、それを口にしやすい雰囲気になりました。「国宝 阿修羅展」というのは、それほどエポックメーキングな展覧会だったのです。

また、私が代表をつとめる女子限定の仏教レジャーサークル「丸の内はんにゃ会」。２００７年に〝みんなで写経に行こう！〟という、企画から始まったグループです。現在、会員数は７００人を超えました。会を始めた当時は今ほど「写経」という言葉もメジャーではなく、友達に「写経に行こうよと」誘っても「？」と怪訝な顔をされたものです。今では、多くの方がお経を写す「写経」をし、「仏画」をなぞる「写仏」を楽しんでおられます。私は、

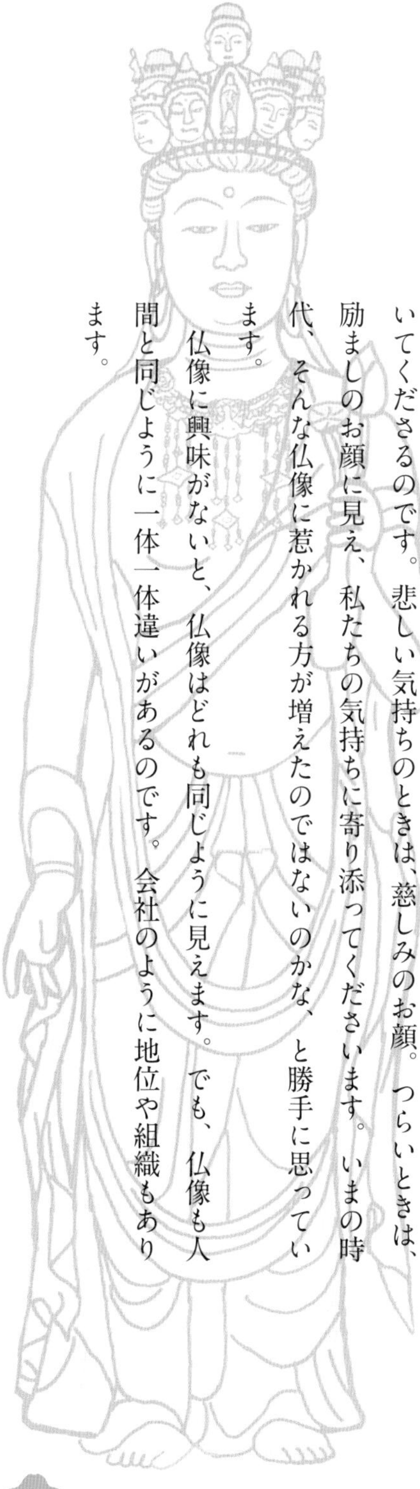

家で気軽に「写仏」ができるようにした「仏像なぞり描き」の本を多数出版させていただきました。仏像やお寺を身近なものとして感じていただけたら、うれしく思います。

今、日本回帰のブームが続いていると思います。

考えるに、バブルの時は海外旅行したり外に向いていた目線が、バブルが崩壊し、元から日本にある神社やお寺に目が向いたのだと思います。

お寺にはいつも清浄な空気が流れ、癒しの空間が広がっています。そしてそこには、いつも私たちを見守ってくださる仏さま（仏像）がいます。友達や彼氏とは違い相手の都合に合わせなくても、会いに行けばいつでもそこにいてくださるのです。悲しい気持ちのときは、慈しみのお顔。つらいときは、励ましのお顔に見え、私たちの気持ちに寄り添ってくださいます。いまの時代、そんな仏像に惹かれる方が増えたのではないのかな、と勝手に思っています。

仏像に興味がないと、仏像はどれも同じように見えます。でも、仏像も人間と同じように一体一体違いがあるのです。会社のように地位や組織もあります。

この本は、仏像のモデルになったお釈迦さまのことや、仏像の種類や特徴、手の形、台、持ち物。また国宝の仏像、守り本尊、巡礼、など多岐にわたり、イラストや漫画でわかりやすく解説しています。

そのような、仏教世界の考え方を知ってから仏像を拝観すると、ぱっーと視野が広がり、仏像がこの世にある意味を理解することができるのです。

ぜひ、この本を読んで、仏像に会いに行ってくださいね。

田中ひろみ

仏像ハンドブック

もくじ

仏像に会いに行こう

世の中にはたくさんの仏像がいらっしゃいます。
この章では、私と仏像との出会いのきっかけや、
仏像に会えるおすすめの博物館、有名な仏像、
お寺と神社の違いや参拝方法などをご紹介します。

私が仏像に恋した理由

私は生まれも育ちも大阪
OSAKA
仏像好きで、独身で子供好きな伯父に奈良や京都に仏像を見に連れて行かれていた
ええ、仏像やろ?
……
子供だったので全く興味はなかった
どれも同じやん
アイス食べたい
でも、いろいろ寺社仏閣に連れて行かれたせいか、日本史好きに
ワク
ワク
日本史
大人になり、東京に行ってイラストレーターになり、江戸の史跡巡りの本なども出すようになる
行ってみよう
東京江戸たんけんガイド
田中ひろみ
カルチャーセンターで、江戸の史跡巡りの講師もするように
このお寺は…

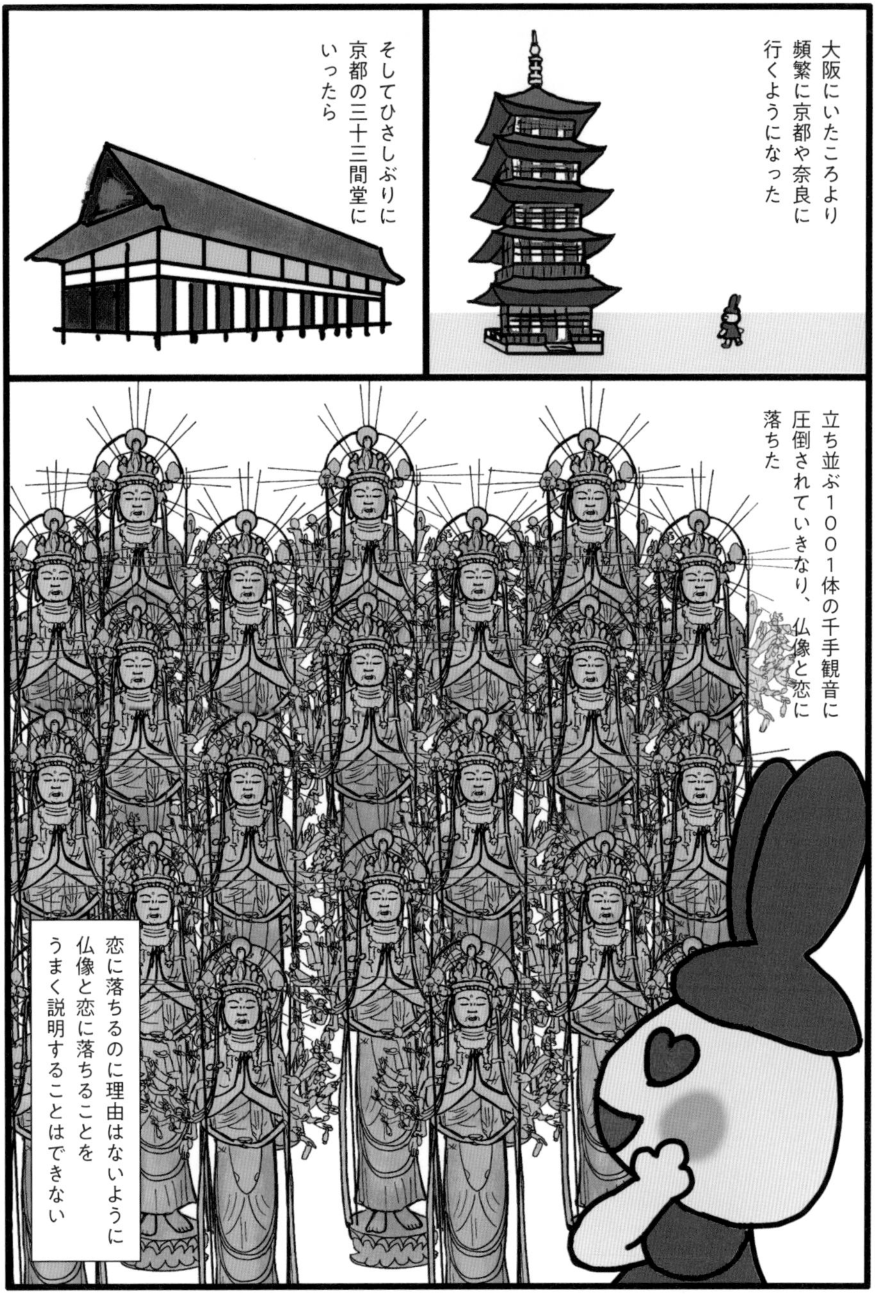
大阪にいたころより
頻繁に京都や奈良に
行くようになった
そしてひさしぶりに
京都の三十三間堂に
いったら
立ち並ぶ１００１体の千手観音に
圧倒されていきなり、仏像と恋に
落ちた
恋に落ちるのに理由はないように
仏像と恋に落ちることを
うまく説明することはできない

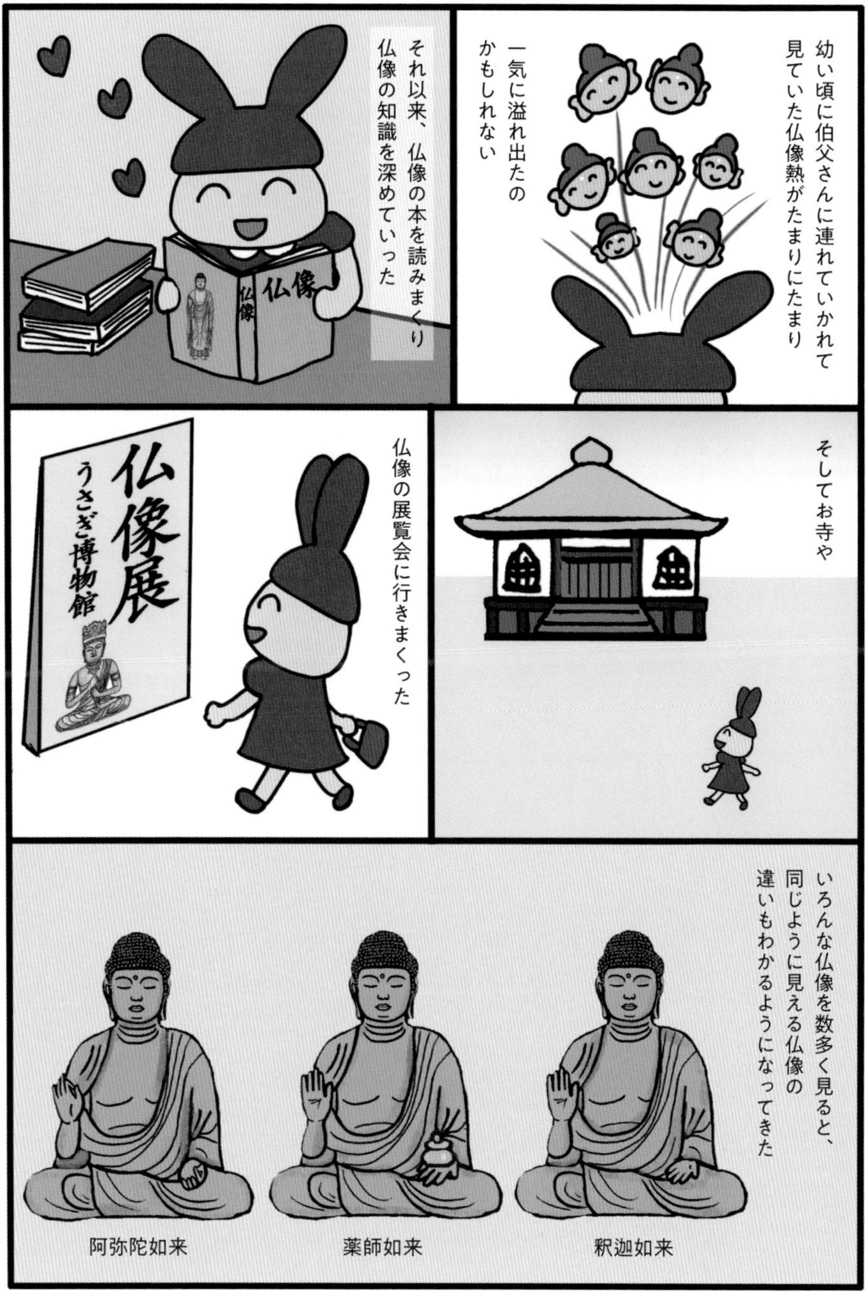
幼い頃に伯父さんに連れていかれて
見ていた仏像熱がたまりにたまり
一気に溢れ出たの
かもしれない
それ以来、仏像の本を読みまくり
仏像の知識を深めていった
仏像
そしてお寺や
仏像の展覧会に行きまくった
仏像展
うさぎ博物館
いろんな仏像を数多く見ると、
同じように見える仏像の
違いもわかるようになってきた
釈迦如来
薬師如来
阿弥陀如来

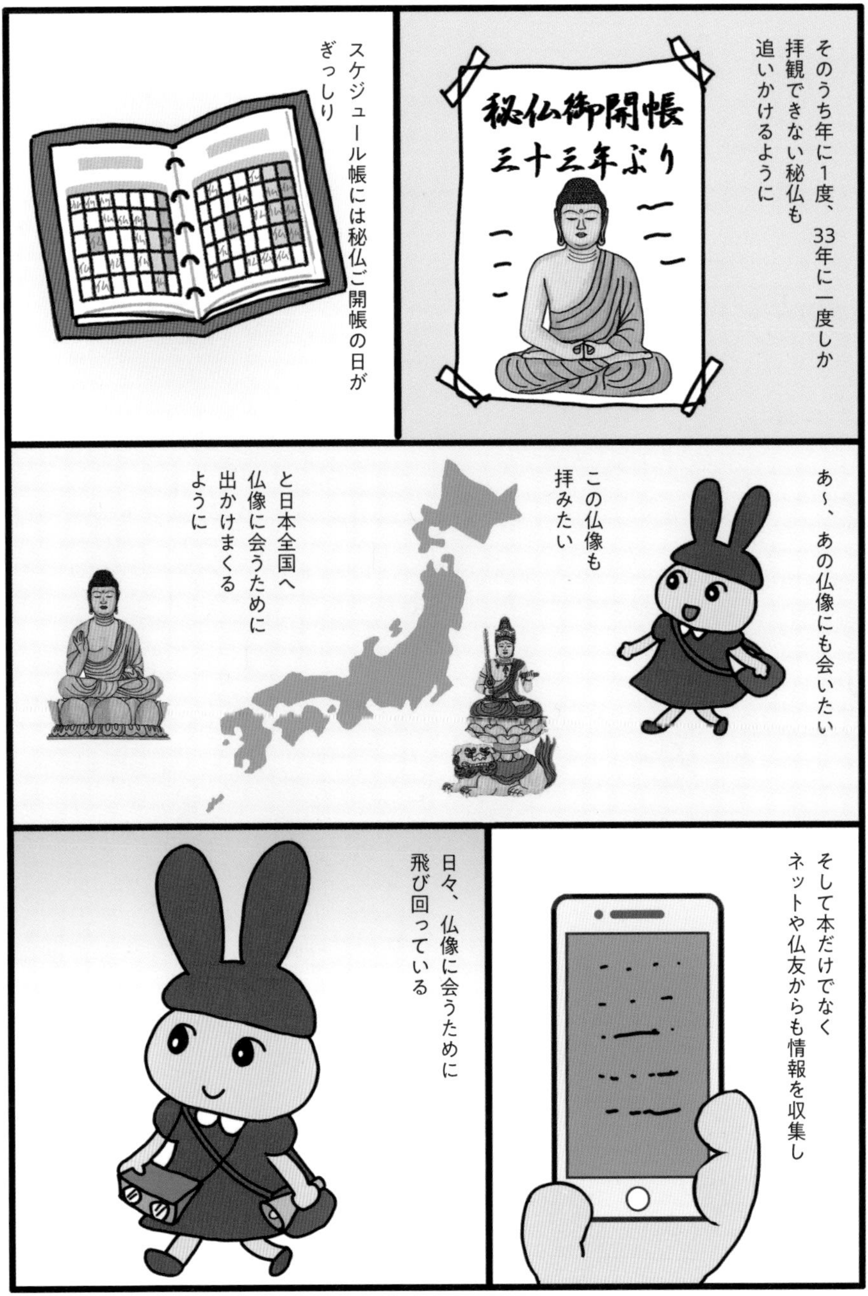
そのうち年に1度、33年に一度しか拝観できない秘仏も追いかけるように
秘仏御開帳
三十三年ぶり
スケジュール帳には秘仏ご開帳の日がぎっしり
あ〜、あの仏像にも会いたい
この仏像も拝みたい
と日本全国へ仏像に会うために出かけまくるように
そして本だけでなくネットや仏友からも情報を収集し
日々、仏像に会うために飛び回っている

まずは奈良国立博物館へ

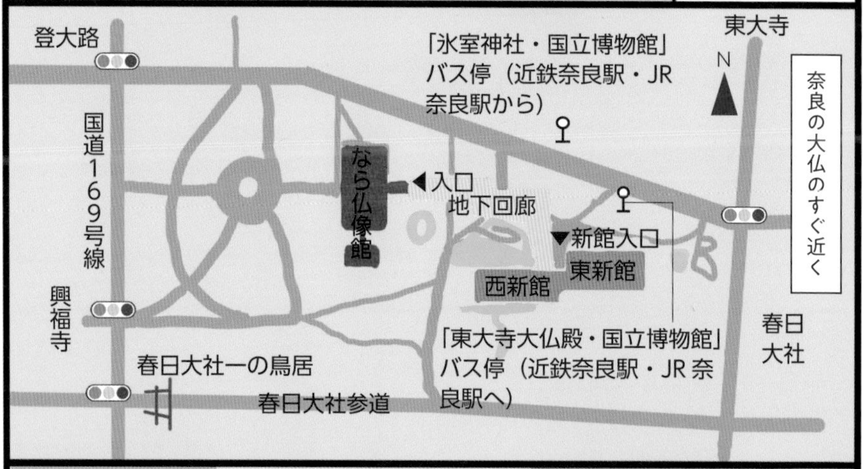

ボランティアガイドさんがいてタイミングがあえば無料で案内してもらえる
ボランティアガイド
お気軽にお声がけください
ツアー解説のご案内
地下の回廊にも仏像の解説パネルがある
仏像の種類
しかも奈良国立博物館の近くの東大寺や興福寺には、国宝や重要文化財の仏像がいっぱい！
東大寺は法華堂（三月堂）がおすすめ。仏像がぎっしり
興福寺は国宝館がおすすめ
有名な阿修羅にも会える

おすすめは東京国立博物館

東京・上野の東京国立博物館もおすすめです

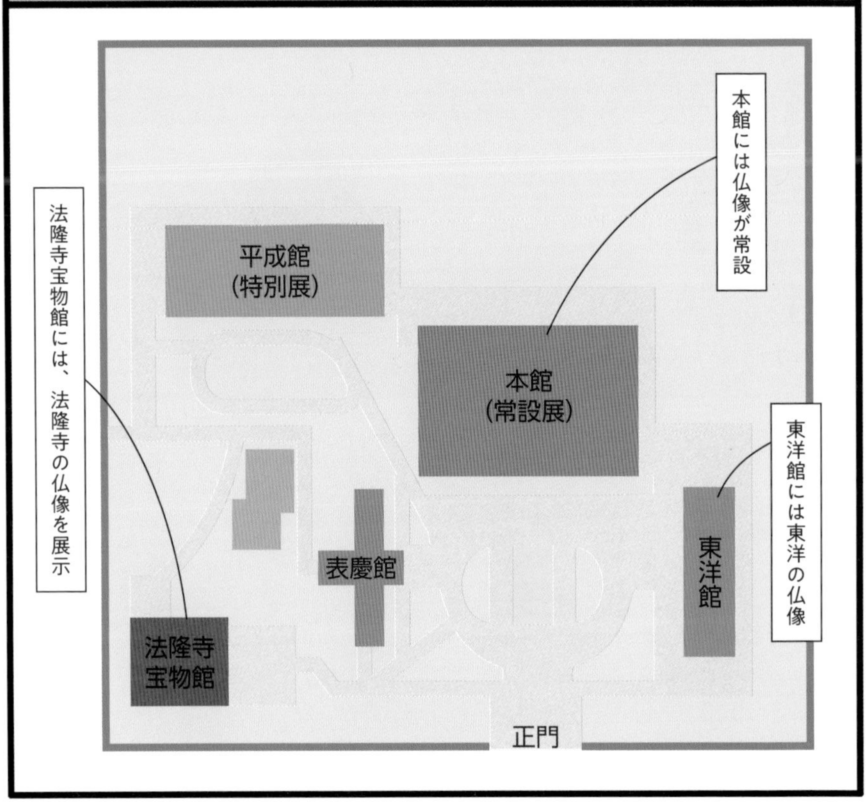
本館には仏像が常設
平成館（特別展）
本館（常設展）
法隆寺宝物館には、法隆寺の仏像を展示
東洋館には東洋の仏像
表慶館
東洋館
法隆寺宝物館
正門

国宝とは

博物館以外では、まず国宝の仏像を見に行くのがおすすめ
国宝の彫刻は１３８件（なかには8体で1などもで、奈良76件、京都41件（２０２０年5月時点）
奈良と京都の国宝彫刻117件
21件
奈良と京都に約85％の国宝仏像があります
国宝とは国民の宝として指定されたもので
国が指定した有形文化財の中から選ばれる
種類は
美術工芸品
建造物
絵画
彫刻
仏像
工芸品
書籍
典籍
古文書
考古資料
歴史資料
国宝は、文化庁の専門官によって選ばれ文部科学大臣の承認を受けて指定される
国宝に承認
文部科学大臣
毎年新しい国宝が生まれている
時々お寺で見かける「旧国宝」
旧国宝
昭和25（１９５０）年に文化財保護法が制定され、全ての国宝が重要文化財に
国宝
重要文化財
その中のいくつかが改めて国宝に指定
重要文化財
国宝
「旧国宝」は文化財保護法が制定される前の国宝で、今は重要文化財のもの

拝観をおすすめする有名な仏像

京都宇治にある、藤原頼通《ふじわらよりみち》の開基のお寺、平等院。鳳凰が羽ばたくような姿をした平等院の鳳凰堂（阿弥陀堂）は、10円玉の絵柄にもなっている。その鳳凰堂の中堂に、本尊の阿弥陀如来がいらっしゃる。金ぴかの阿弥陀如来は、穏やかな中にもドッシリとした貫禄がある。この仏像は平安時代の天才仏師・定朝《じょうちょう》が作ったと確証される唯一のもの。極楽浄土に連れていってくれそうな温和なお顔をされている。鳳凰堂の壁に、雲に乗り楽器を奏でたり踊ったりしている雲中供養菩薩像が祀られている

平等院鳳凰堂阿弥陀如来

六波羅蜜寺《ろくはらみつじ》の空也上人《くうやしょうにん》

六波羅蜜寺《ろくはらみつじ》は、平安時代の天暦5（951）年に空也上人により創建された。西国三十三所の第17番の札所。「宝物館」に、空也上人像がいらっしゃる。口から6体の小さな仏像を出していて、空也が念仏を唱えると6体の阿弥陀仏が現れたという伝承を視覚的に表現しているとされる。運慶の四男・康勝《こうしょう》の作だけあって、お顔の表情がリアル。頬はこけて疲労困憊《ひろうこんぱい》し、それでもなお念仏を一心不乱に唱えているように見える。胸には金鼓《きんこ》を下げ、右手に持つ橦《しゅ》木《もく》で叩きながら踊念仏を唱え歩いているお姿。左手には、鹿の角の杖を持っている。足の甲には、血管が浮きでている

東大寺の戒壇堂《かいだんどう》に、東西南北を守る四天王が祀られている。お堂に一歩足を踏み入れたとたん、静けさと四天王の圧倒的な存在感で厳粛な気分になる。私が好きなのは、西を守る広目天《こうもくてん》。眉根を寄せ、遠くを見据えるようなまなざしがたまらなくステキ！　瞳は黒曜石を使っているため黒々として眼力があり、とっても渋くてかっこいい。広目天は、「通常ならざる目を持つ者」という意味。だから、いろんなものを見て、見たものを書き留めるために筆と巻物を持っているのだ

渋くてかっこいい

東大寺 広目天《こうもくてん》

イカしてる!

奈良の新薬師寺には、本尊の薬師如来を守るようにぐるりと周りを取り囲んでいる十二神将《じゅうにしんしょう》がいらっしゃる。十二神将は、薬師如来の 12 の大願に応じて、薬師如来を守護する神。各神将が、それぞれ 7 千の部下を従えているというからガードは相当固い。その十二神将の 1 体である伐折羅《ばさら》大将は、口をガァーッと大きく開け、歯をむき出し、眉間にしわを寄せて眼を吊り上げ、髪を逆立てている。剣を抜いて、思いっきり怒りを表現している。まるで、ロックミューシャンのようにも見える。イカしてる！　今は全体に白っぽく見えるが、作られた当時は、赤や青、緑、金など、かなり派手な色に塗られていたようだ

新薬師寺 十二神将 伐折羅《ばさら》

薬師寺 薬師三尊

奈良の薬師寺は、天武９年（680）に天武天皇が皇后（後の持統天皇）の病気が治るようにと発願《ほつがん》し創建されたお寺。ご本尊の薬師如来、向かって右に日光菩薩、左に月光菩薩。この薬師三尊でお祀りされている。薬師如来は東方浄瑠璃浄土《とうほうじょうるりじょうど》に住み、現世の人々の病気を治してくれるといわれる。元々は銅に鍍金《ときん》され金色に輝いていた像だが、火事で鍍金がなくなり現在は金色ではなく黒光りしている。その色合いが、ますます威風堂々として見える。薬師如来といえば、普通左手に薬壺《やっこ》を持っているが、この薬師如来は平安期以前に造られたので持っていない。薬壷はなくても、力強いお顔やバランスの取れた体つきといい、とても頼もしく思えるお像だもみじが有名な永観堂《えいかんどう》（禅林寺）の「みかえり阿弥陀」。ある日、永観というお坊さんがお堂の中、阿弥陀像の周りを歩きながら念仏を唱え続けるという厳しい修行をしていた。すると阿弥陀像が永観を先導し、後ろを振り返って「永観、遅し」と言ったという。そのときの姿を表したとされる仏像。本当に首を後ろに向けて振り返ってくださっていて、優しくて温かみのあるお像だ

私も見守って♥

永観堂
みかえり阿弥陀

僕の象に乗るかい？
キャ♥

東寺の帝釈天《たいしゃくてん》

東寺《とうじ》の正式名は、教王護国寺《きょうおうごこくじ》。東寺の講堂には、21体もの仏像が並べられ、絵で描かれる曼荼羅《まんだら》を立体的に表している。講堂に足を踏み入れるとまるで、宇宙の中にいるような感じがする。その中で私が1番好きなのは、帝釈天《たいしゃくてん》さま。すっきりしたお顔立ちで、眼は切れ長で涼しく、鼻筋もスッとしていている。女子の人気度は高く、日本一イケメンな仏像ともいわれている。帝釈天はインドの神様で、阿修羅と戦った戦闘の神様。だから、鎧は着ているが、持っている武器は小さな独鈷杵《どっこしょ》のみ。頭部は後の補作だというのに、体と違和感もなく自然に見える

阿修羅と帝釈天の戦い

阿修羅には舎脂《シャチー》という
美しい娘がいた
舎脂
はい、お父様
舎脂は武勇の神である帝釈天
に嫁がせる予定だった
しかし帝釈天は待ちきれず、
力ずくで舎脂を奪った
舎脂は帝釈天と幸せに暮らしたが、
阿修羅は許すことができず、
帝釈天に何度も戦いを挑む
その激しい戦いの場を
「修羅場」という
だが、阿修羅は武勇の神である
帝釈天に負け続けた
正義にこだわり戦い続けた阿修羅は、
天から修羅道に落とされてしまった

唇をかみしめているお顔
3面表情が違うよ
抱きしめたい♥
クールなお顔

興福寺の阿修羅《あしゅら》

奈良の興福寺にある国宝館に安置されている釈迦如来の従者・八部衆。その１人である阿修羅《あしゅら》は、あどけなさの残る少年のような美しいお顔で、永遠のアイドル的な存在だ。細く折れそうな腕に、眉根を寄せ憂いを含んだ表情。眼を合わせるとドキドキしちゃう。お顔は三面とも違う。私は向かって左側の唇を噛み締め、今にも泣きそうな表情が好き。母性本能がくすぐられ、ぎゅっと抱きしめたくなる

お寺と神社の違い

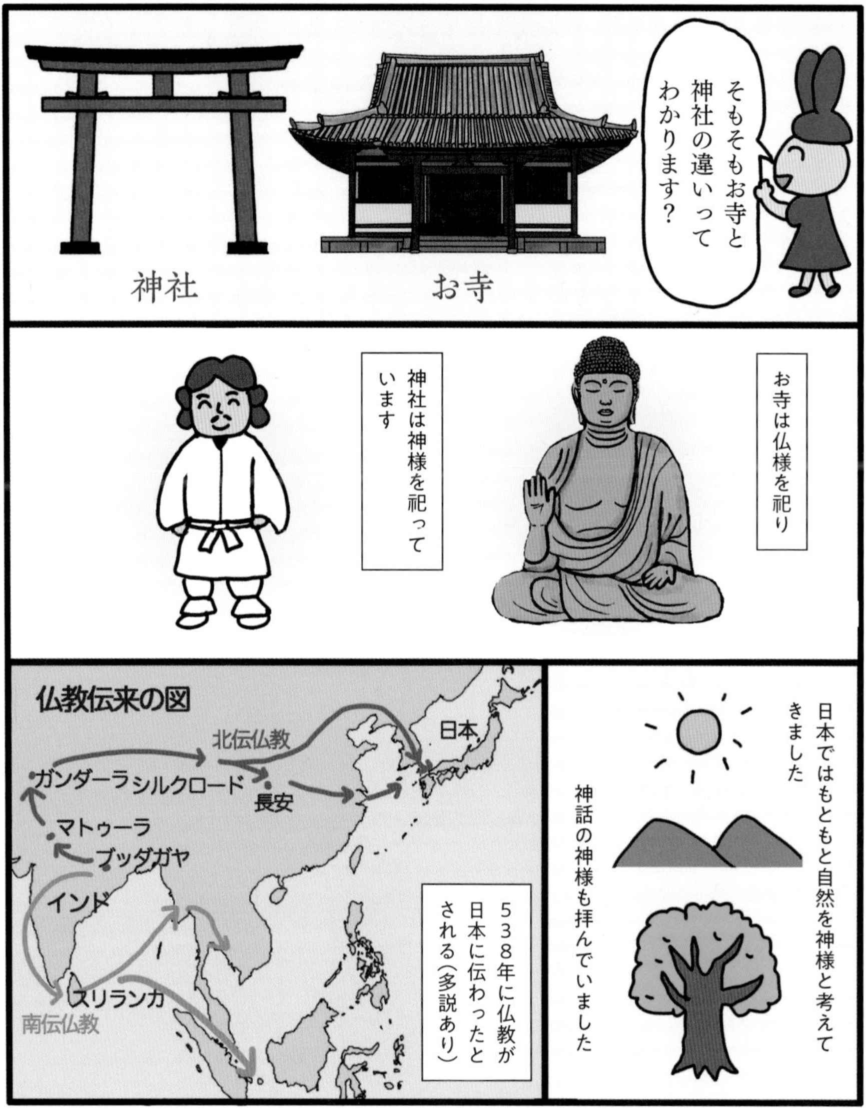

そもそもお寺と神社の違いってわかります？
神社
お寺
お寺は仏様を祀り
神社は神様を祀っています
日本ではもともと自然を神様と考えてきました
神話の神様も拝んでいました
仏教伝来の図
北伝仏教
日本
ガンダーラ
シルクロード
長安
マトゥーラ
ブッダガヤ
インド
スリランカ
南伝仏教
538年に仏教が日本に伝わったとされる（多説あり）

神仏習合とは？

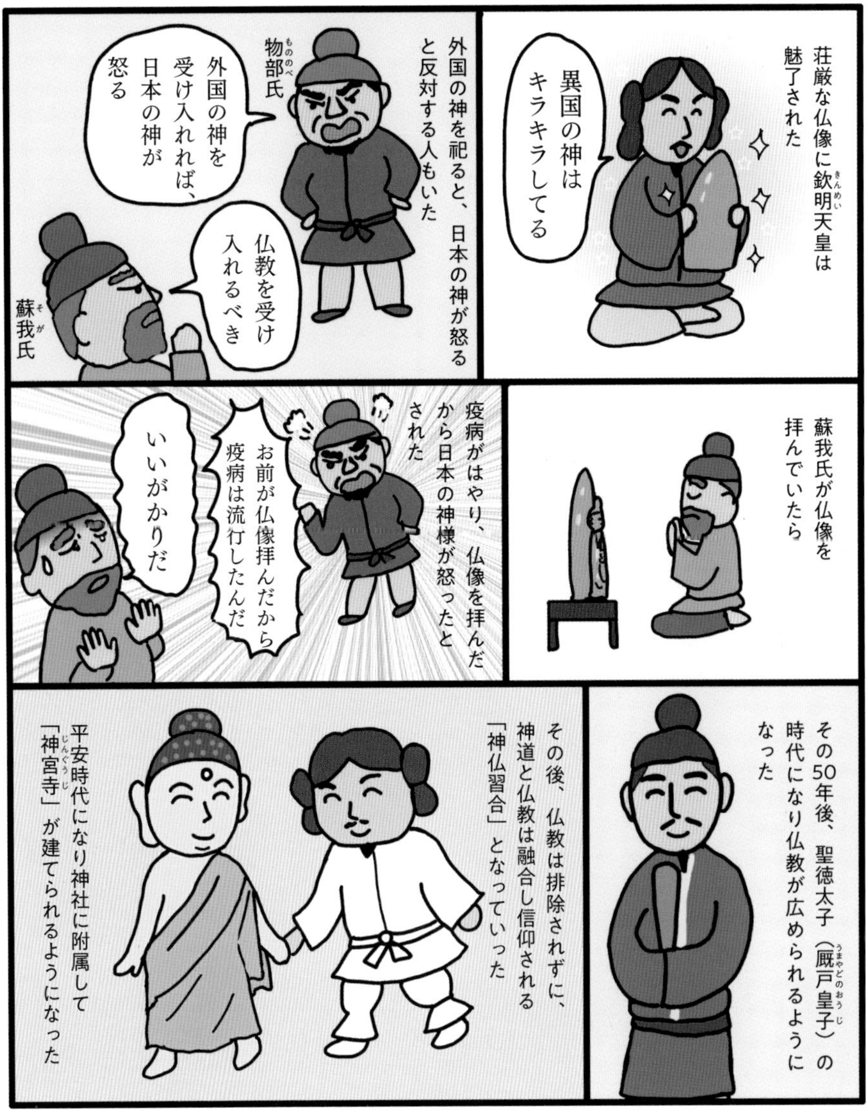

荘厳な仏像に欽明《きんめい》天皇は魅了された
異国の神はキラキラしてる
外国の神を祀ると、日本の神が怒ると反対する人もいた
物部《もののべ》氏
外国の神を受け入れれば、日本の神が怒る
蘇我《そが》氏
仏教を受け入れるべき
蘇我氏が仏像を拝んでいたら
疫病がはやり、仏像を拝んだから日本の神様が怒ったとされた
お前が仏像拝んだから疫病は流行したんだ
いいがかりだ
その50年後、聖徳太子（厩戸皇子《うまやどのおうじ》）の時代になり仏教が広められるようになった
その後、仏教は排除されずに、神道と仏教は融合し信仰される「神仏習合」となっていった
平安時代になり神社に附属して「神宮寺《じんぐうじ》」が建てられるようになった

お寺の参拝の仕方

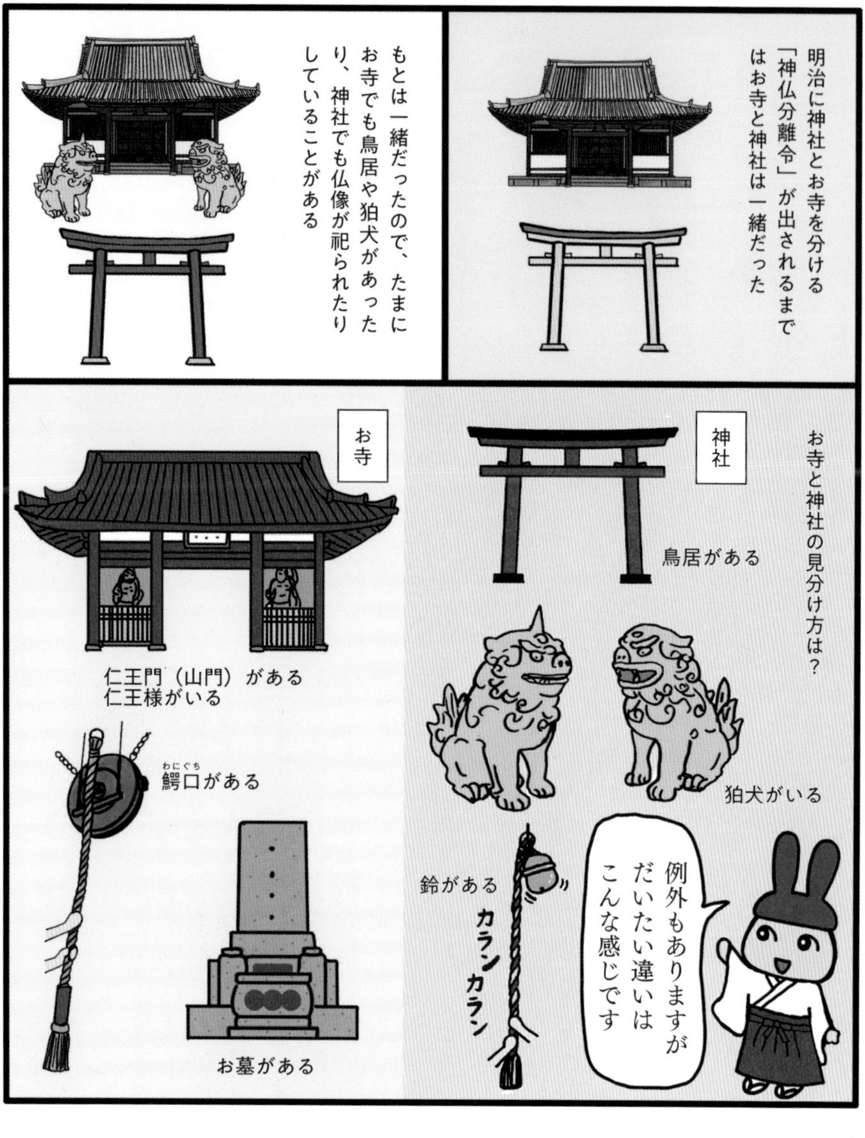

明治に神社とお寺を分ける「神仏分離令」が出されるまではお寺と神社は一緒だった
もとは一緒だったので、たまにお寺でも鳥居や狛犬があったり、神社でも仏像が祀られたりしていることがある
お寺と神社の見分け方は？
神社
鳥居がある
狛犬がいる
鈴がある
カラン
カラン
例外もありますがだいたい違いはこんな感じです
お寺
仁王門（山門）がある
仁王様がいる
鰐口《わにぐち》がある
お墓がある

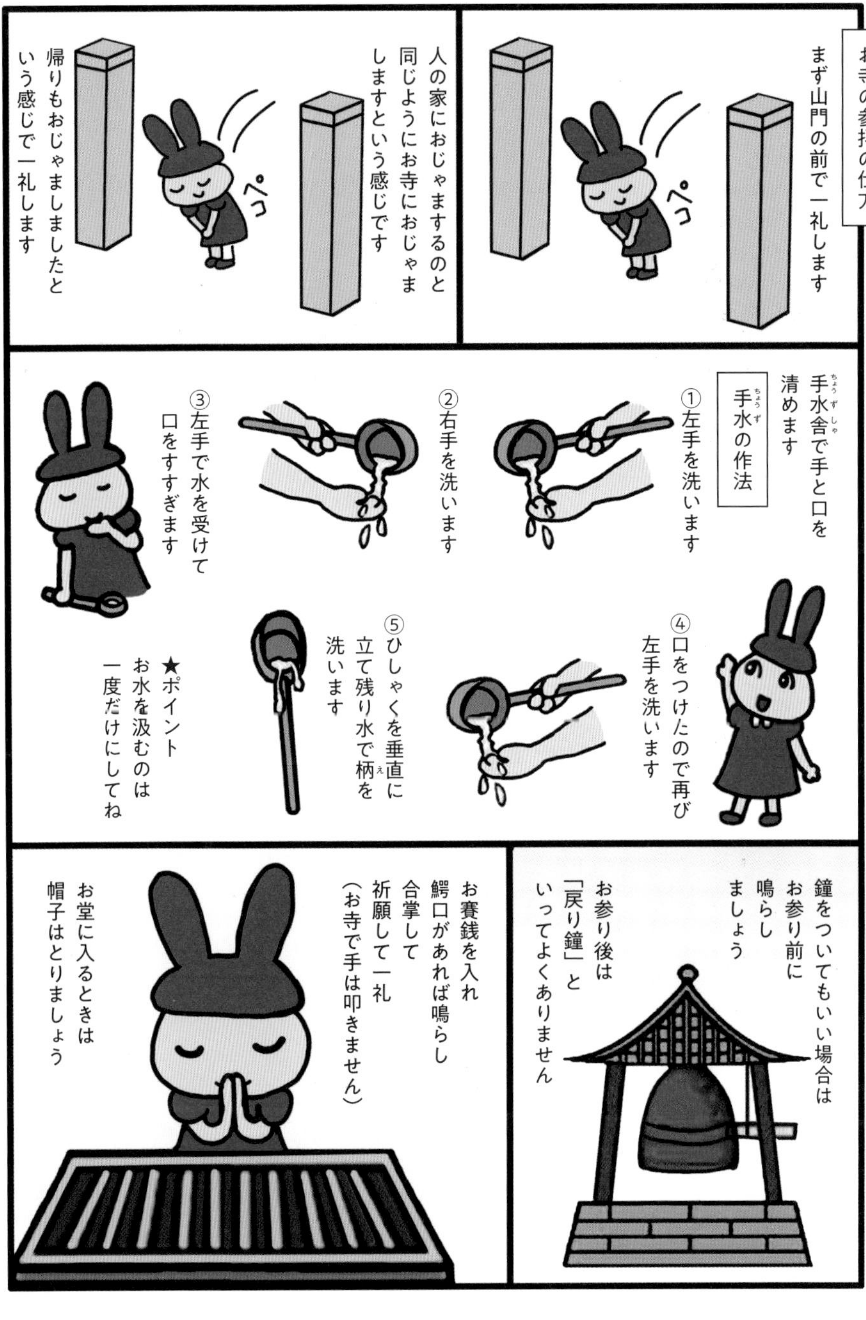

お寺の参拝の仕方
まず山門の前で一礼します
ペコ
人の家におじゃまするのと同じようにお寺におじゃましますという感じです
ペコ
帰りもおじゃましましたという感じで一礼します
手水舎《ちょうずしゃ》で手と口を清めます
手水《ちょうず》の作法
①左手を洗います
②右手を洗います
③左手で水を受けて口をすすぎます
④口をつけたので再び左手を洗います
⑤ひしゃくを垂直に立て残り水で柄《え》を洗います
★ポイント お水を汲むのは一度だけにしてね
鐘をついてもいい場合はお参り前に鳴らしましょう
お参り後は「戻り鐘」といってよくありません
お賽銭を入れ鰐口があれば鳴らし合掌して祈願して一礼（お寺で手は叩きません）
お堂に入るときは帽子はとりましょう

お寺の境内の建物の名前

寺の境内にある建物は、伽藍《がらん》、正式には僧伽藍と呼ばれる。古くは塔・金《こん》堂《どう》・講堂・鐘楼・経蔵《きょうぞう》・僧房・食堂《じきどう》、後に宗派によって異なる7つの建物をすべて揃えた寺は、「七堂伽藍」と呼ばれる。

経蔵《きょうぞう》

経典を収納する建物

本堂
（ご本尊が祀られている）

古くは「金堂」と言ったが、平安時代後期からは「本堂」が一般的に。禅宗では仏殿、天台宗では中堂などという。

多層塔
（五重塔、三重塔）

層の数は奇数（3、5、7、9、13）がほとんど

講堂

仏法の講義や法会を行うお堂。禅宗では「法堂」

仁王門（山門）

仁王様がお寺に悪者が入らないようにガードマンとして見張っている

楼門《ろうもん》、二重門

2階建の門

鐘楼《しょうろう》

梵鐘《ぼんしょう》をつるす堂

多宝塔《たほうとう》

方形の下層と円形の上層の二重塔

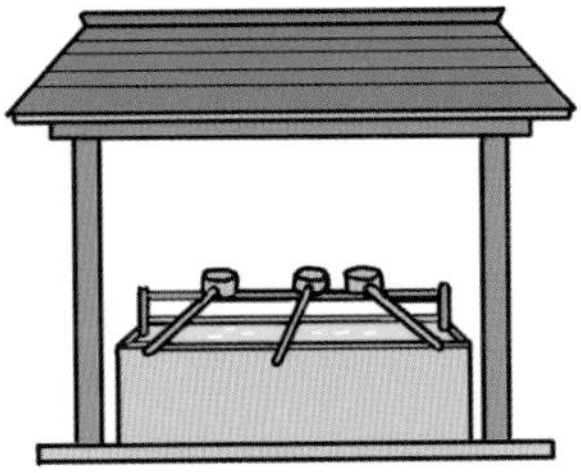

手水舎《ちょうずしゃ》

手と口をゆすぎ清める建物

お寺で見るものの名前

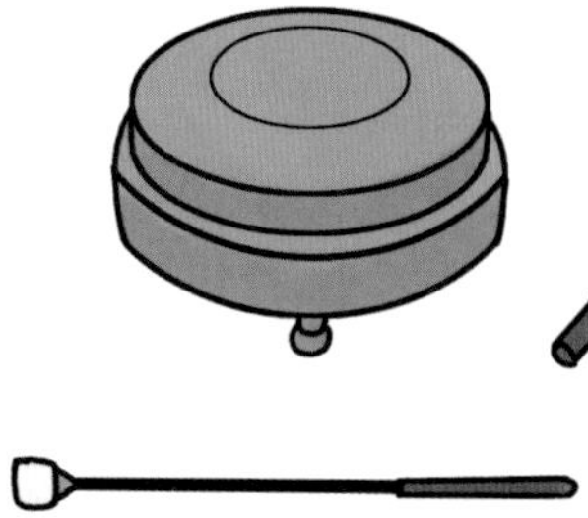

木鉦《もくしょう》

主に日蓮宗で用いられるもので、お題目《だいもく》を唱えるときや読経のときに叩く

鉦吾《しょうご》

叩鉦《たたきがね》、伏鉦《ふせがね》ともいわれる。畳台の上に置き、撞木《しゅもく》で打ち鳴らす。主に浄土宗で、念仏・御詠歌《ごえいか》にあわせて拍子を取るために用いる

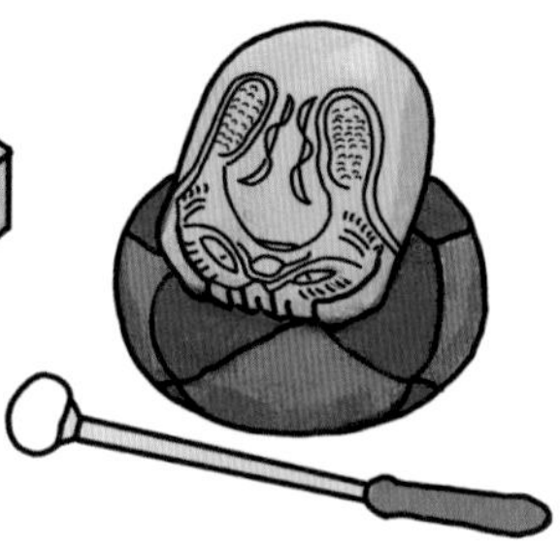

木魚《もくぎょ》

読経のときに使われる。魚は水中で常に目をひらいたままでいることから、読経中に眠らないようにという戒めの意味が込められ、魚を模したといわれている

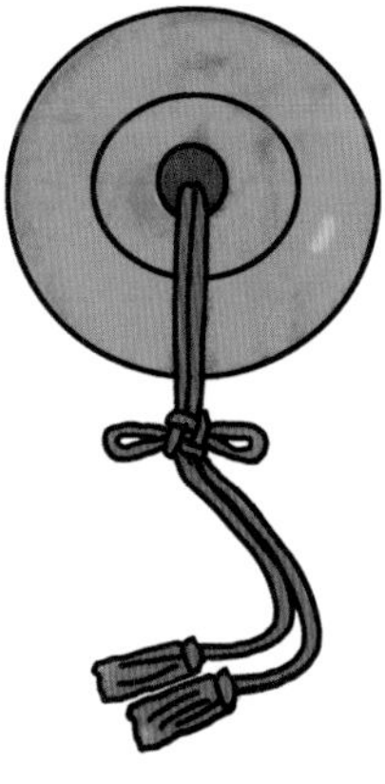

鐃鈸《にょうはち》

法会《ほうえ》に用いる打楽器。シンバルと同類の楽器

磬《けい》

銅（または石）製の板を吊りさげて、撞木で叩いて音を出す

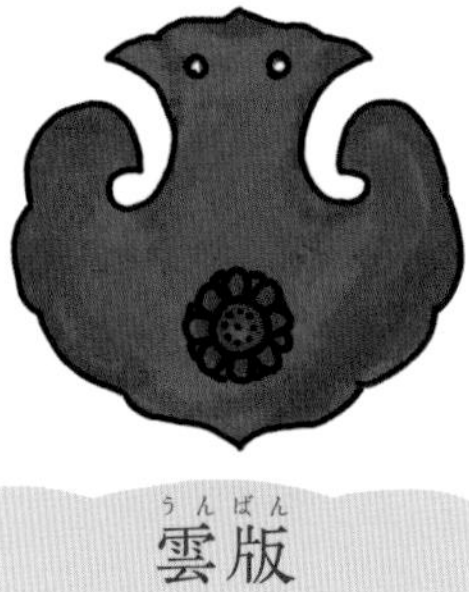

雲版《うんばん》

主に禅宗のお寺で食事の時間や法要の合図に叩いて使う

おりん

「かね」「きん」とも呼ばれ、勤行をはじめる前と終わった後に打ち鳴らす

瓔珞《ようらく》

仏の世界を美しく飾るために仏壇の中や天井につり下げる荘厳具。古代インドの貴人が頭や首にかけた装身具からきたものといわれている

魚鼓《ぎょこ》

木製で口に珠をくわえた長魚の形（主に鯉《こい》）をしており禅寺などで、時刻の合図などに叩く

鰐口《わにぐち》

鰐のように大きく一文字に口を開いているので鰐口と名付けられたようだ。昔はサメのことを鰐と呼んでいた

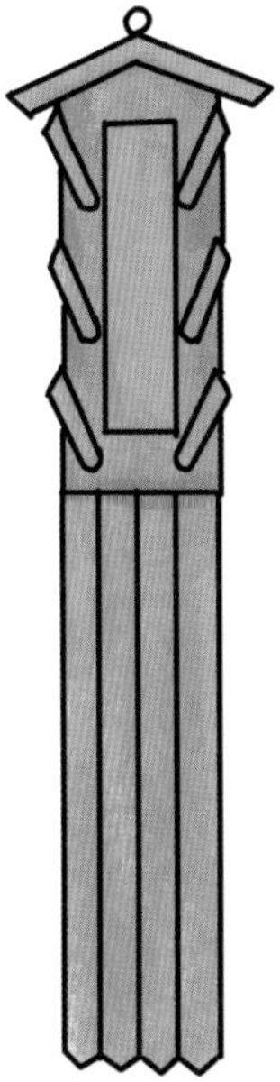

幡《ばん》

寺院の境内や堂内に立てる飾り布や金属。三角形の首部の下に方形の身をつけ、その下に数本の脚を垂らしたもの

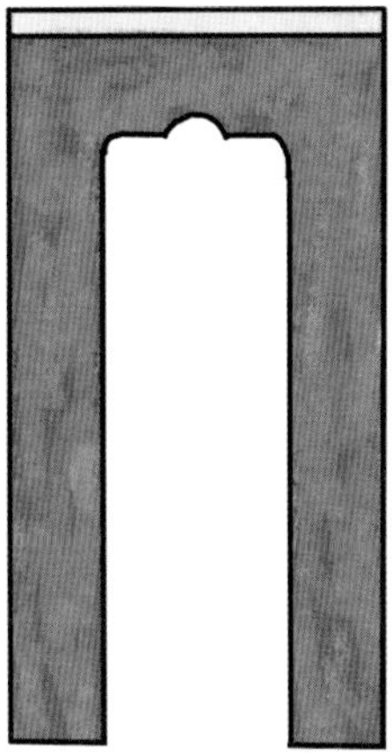

戸帳《とちょう》

仏像を安置した厨子の前などにかける覆い布

華鬘《けまん》

仏堂における荘厳具。元々は生花の輪の装飾品だったがそれを仏前にも供えるようになり、中国や日本に入って仏具となった

天蓋《てんがい》

仏像や住職が座っている上にかざされる笠状の仏具。元々はインドで、強い日差しを避けるために用いられた日傘だった

お参りに行く時に持って行くといいもの

仏教において、基本となるお供え物のことを「五供《ごくう》」という。香・花・灯明・水・飲食のこと

ろうそく

ろうそくの火は、神仏に供える火として「灯明《とうみょう》」と呼ばれる。闇を照らす智慧の光であり、不浄なものや穢《けが》れを祓《はら》い、浄めてくれる。闇を照らす智慧《ちえ》の光という意味もある

お線香

香りで、心身や場を浄める。仏さまは香りを召し上がるとされており、お線香の煙がこの世とあの世をつなぐという

仏像拝観で持って行くと便利なもの

以下のものは便利だが、仏像は信仰の対象なので、使用する際はお寺の方に断って使用したほうがよい

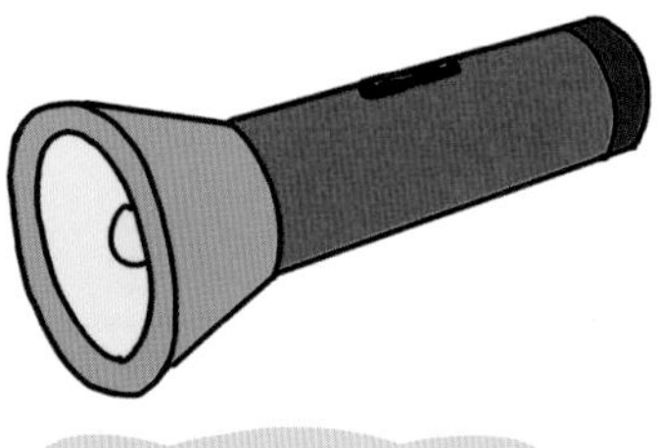

懐中電灯

お寺は暗いので、あると便利

オペラグラス

仏像が奥の方に祀られているので、遠くて見えない時にあると便利

御朱印

御朱印は、お経を写したもの(写経)を納めた証として授けられるものだった。だから納経帳《のうきょうちょう》ともいう。最近ではお経を納めなくても、神社やお寺にお参りしたときに、証《あかし》として授けられる。印と神社やお寺の名前、ご本尊のお名前、お参りした日付などが墨で書かれる。お参りしてから、いただくもの。お寺に参拝に行った記念にもなるし、どこにお参りに行ったかの記録にもなる

(例：著者デザインの御朱印帳)

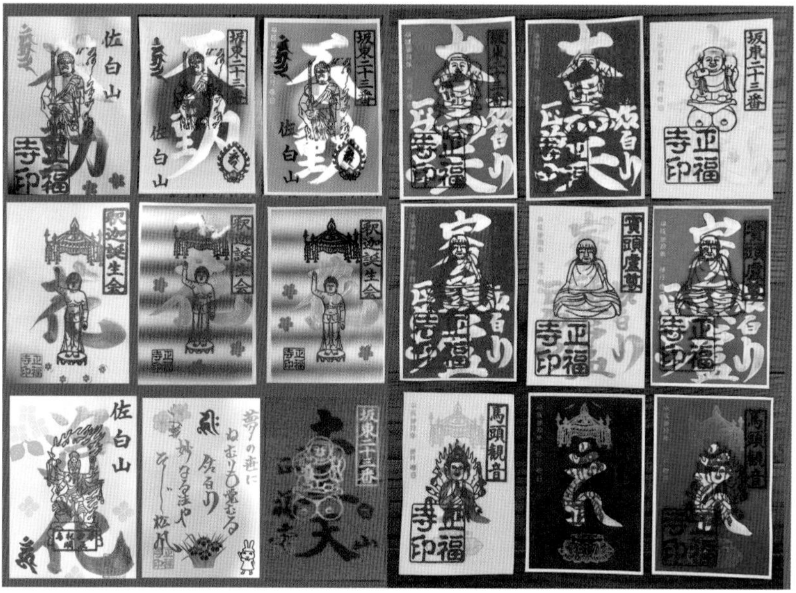

(例：著者デザインの御朱印)

仏像について

仏像のモデルとされる釈迦について詳しくご紹介。
仏像にはいろいろな種類や階層などがあり、
それぞれに特徴があります。手の形、持ち物、台座、
座り方、材料、ヘアスタイル、衣の着方など。
つくられた年代別の特徴についてもご紹介します。

仏教の開祖、釈迦の一生

仏教の開祖・釈迦は、現在のネパール国境近くのカピラヴァストゥを支配していた釈迦族の王子として紀元前５世紀ごろに生まれた
ネパール
インド
「釈迦」は名前ではなく一族の呼び名だった
本当の名前はゴータマ・シッダールタ
インドでは牛は最も聖なる生き物とされる
ゴータマ＝聖なる牛
シッダールタ＝目標を成就する者
お釈迦様は生まれる前に兜率天《とそつてん》というところで悟りを開くために修行していた
私たちの住む世界に降りて来るために６本の牙をもつ象になられた
白い象となったお釈迦さまは、母親の摩耶夫人《まやぶにん》の右脇より胎内に入ったそれで妊娠した
摩耶夫人はそういう夢をみたという

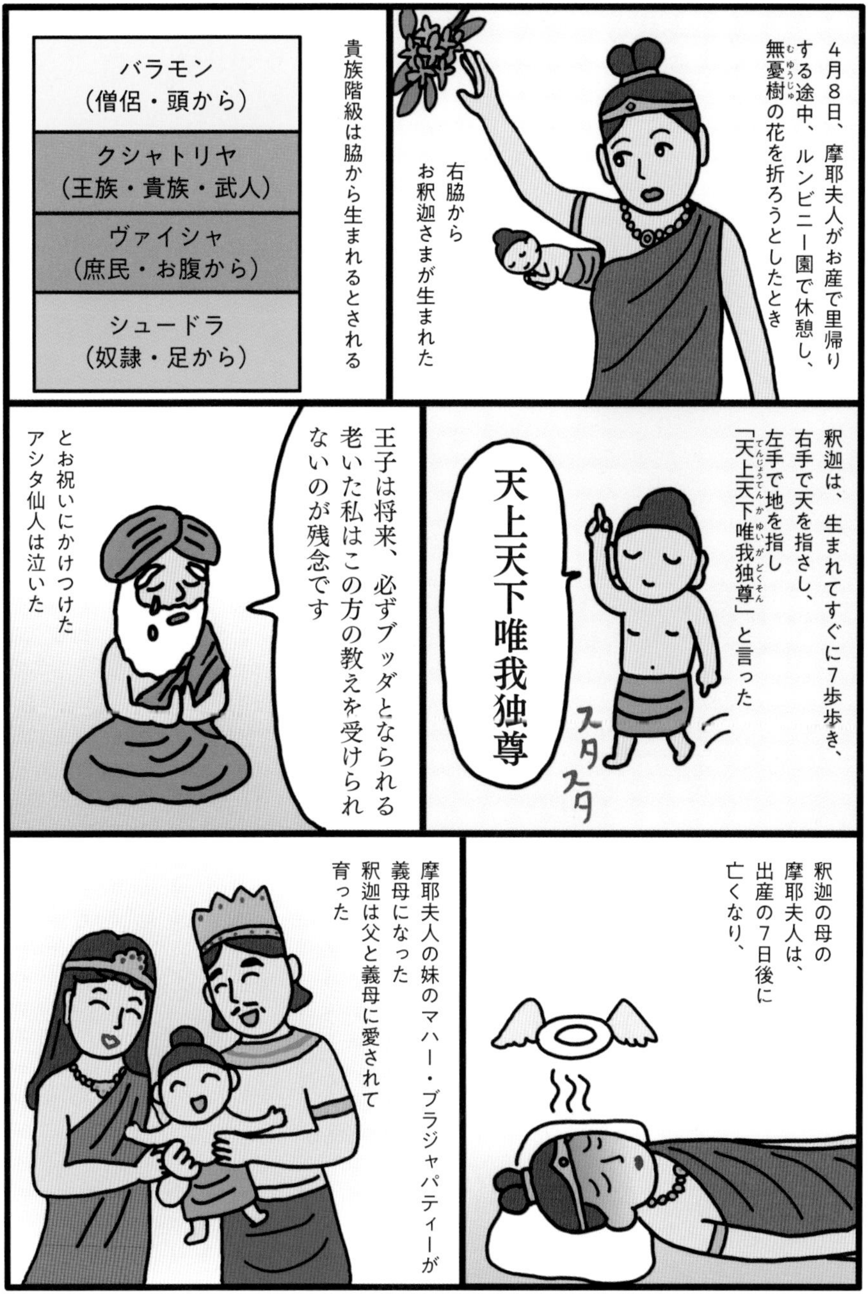

4月8日、摩耶夫人がお産で里帰りする途中、ルンビニー園で休憩し、無憂樹《むゆうじゅ》の花を折ろうとしたとき
右脇から
お釈迦さまが生まれた
貴族階級は脇から生まれるとされる
バラモン
（僧侶・頭から）
クシャトリヤ
（王族・貴族・武人）
ヴァイシャ
（庶民・お腹から）
シュードラ
（奴隷・足から）
釈迦は、生まれてすぐに7歩歩き、右手で天を指さし、左手で地を指し「天上天下唯我独尊《てんじょうてんかゆいがどくそん》」と言った
天上天下唯我独尊
スタスタ
王子は将来、必ずブッダとなられる老いた私はこの方の教えを受けられないのが残念です
とお祝いにかけつけたアシタ仙人は泣いた
釈迦の母の摩耶夫人は、出産の7日後に亡くなり、
摩耶夫人の妹のマハー・ブラジャパティーが義母になった
釈迦は父と義母に愛されて育った

釈迦は何不自由ない環境で育った
でも、物思いにふけることが多かった
16歳で結婚
ラーフラ（羅睺羅《らごら》）という子供も生まれた
釈迦はある日、東の門から出たときに老人に出会う
またある日、南門を出て病人を見た
そして西門を出ときに、葬式の死人を見た
人間は必ず死んで行くという現実を実感した
最後に北門を出たとき、清々しい姿の出家した修行者を見て、出家することを決意！
29歳で妻子や王子の位も捨て白馬カンタカに乗り城を出る

髪を剃り、出家する
マガダ国の王舎城《おうしゃじょう》へ行く
釈迦は、アーラーラ・カーラーマと
ウッダカ・ラーマプッタという
2人の修行者の弟子になり修行するが
「苦」の解決にはならなかったので
師の元を去った
釈迦は次いで、肉体を苦しめることに
よって精神的解放が得ようと、
飲まず食わずの苦行をする
ガリ
ガリ
苦行をしているときに、
5人の仲間が出来た
しかし、6年間苦行しても
悟りは得られなかった
苦行をやめ山を下りた
釈迦は川辺で
スジャータと
いう娘から
牛乳がゆを
もらい元気を
取り戻す
そして菩提樹《ぼだいじゅ》の木の下で瞑想《めいそう》していると
悪魔（マーラ）がやってきて瞑想の
邪魔をした
その後この地はブッダガヤーと
呼ばれるようになる
釈迦が、地を指差すと地の神が現れ、
悪魔を降伏させた

成道
そして12月8日、ついに悟りを開き、
仏陀（ブッダ）となる
釈迦35歳

初転法輪《しょてんほうりん》
この世を創ったといわれる梵天《ぼんてん》の勧めで
釈迦は苦行仲間5人にサールナートの
鹿野苑《ろくやおん》で最初の説法をした
（悟りを得るための中道、
四諦《したい》と八正道《はっしょうどう》を説いた）
5人は釈迦の弟子になった

その後、釈迦は各地で説法をつづけ
多くの人々が弟子になった
信者によって建てられたお寺、竹林精舎《ちくりんしょうじゃ》や
祇園《ぎおん》精舎などを拠点に説法を続ける
その後、義理の母も妻、子も
弟子になる
息子のラーフラは、釈迦の信頼が
厚かった10人の直弟了
「十大弟子」の1人になる
般若心経に出てく
るシャーリプトラ
（舎利弗《しゃりほつ》）
イケメンで釈迦の
いとこ、アーナンダ
（阿難《あなん》）
お盆の由来となった
マウドガリヤーヤナ
（目連《もくれん》）
釈迦入滅後、指導者
になったマハーカー
シャパ（大迦葉《だいかしょう》）
など
80歳になった釈迦は、生まれ故郷に
行く途中、信者のチュンダ（純陀）
という鍛冶屋《かじや》に接待され、
キノコ料理で食中毒になった
激しい下痢なのに釈迦は旅を続け、
クシナガラの跋提河《ばつだいが》のほとりまで
たどり着いた

涅槃《ねはん》

釈迦の死。一切の煩悩《ぼんのう》から解脱《げだつ》した、悟りを得た境地であり、繰り返す再生の輪廻《りんね》から解放された状態

釈迦は2月15日に沙羅双樹《さらそうじゅ》の元、北枕で右を下にして80歳で亡くなった（涅槃）。亡くなった釈迦の母である摩耶夫人が天からやってきて、釈迦に薬の入った袋を投げる（投薬という言葉の由来）。その様子を描いたのが涅槃図である。

亡くなったのは２月 15 日なので、満月

釈迦が亡くなり、悲しみのあまり沙羅双樹８本のうち４本の木の葉は白くなり枯れてしまった(四《し》枯《こ》四《し》栄《えい》)

老女が、釈迦の45年間の布教の旅をいたわって足をさすっている。
老女の涙は釈迦の足にシミとなって残るほどだった

涅槃図の中に猫が描かれていないのは、摩耶夫人が投げた薬が沙羅双樹の木に引っかかってしまった時に、釈迦の使いのネズミが取りにいったが、途中に猫に食べられてしまったためとも言われている（猫が描かれている図もある）

先導しているのは十大弟子のアニルッダ（阿《あ》那律《なりつ》）

薬は釈迦の元に届かず木に引っかかる

色白の美男子で、いつも釈尊《しゃくそん》の側に仕えていた十大弟子のアーナンダ（阿難《あなん》）は、釈迦が亡くなりショックで気絶

何かを釈尊へ捧げているのがチュンダ（純陀《じゅんだ》）自分の布施《ふせ》物で中毒にさせたことを後悔して、代わりの食べ物を差し出している

多くの信者や弟子、動物などが釈迦の死を悲しんでいる

釈迦の遺体は茶毘《だび》（火葬）に付された。
仏舎利（遺骨）はマガダ国王や釈迦族など
の8つの部族に分与され、それぞれ
ストゥーパ（仏塔）に納められた

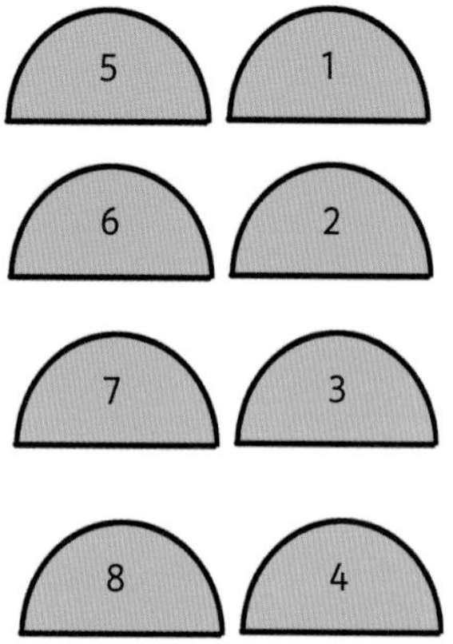

後の紀元前3世紀ごろ、アショーカ王が8
つのストゥーパから仏舎利を細分化して
8万4千ものストゥーパを作ったという

そのストゥーパは
日本では五重塔や三重塔となる
釈迦の仏舎利が納められている
とされる

日本では「塔」は東京タワーのように
高い建物を表すが、語源は「ストゥー
パ（仏塔）」とされる

墓の後ろにある細長い板、
「卒塔婆《そとば》」もストゥーパが語源

卒塔婆には戒名《かいみょう》と古代インドで使われ
ていた梵字《ぼんじ》などが書かれている

卒塔婆の先のギザギザは五輪塔を
表している

五輪と卒塔婆

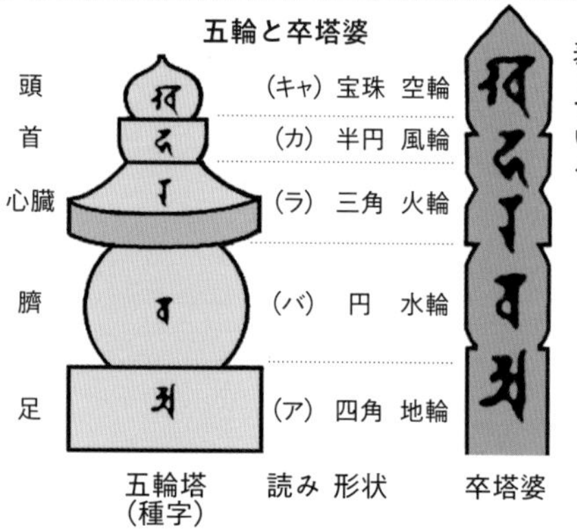

ストゥーパ（仏塔）

偶像崇拝は禁止
されていたので、
釈迦が亡くなっ
た後、人々は、
ストゥーパを拝
んでいた

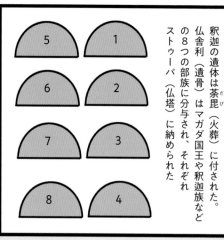

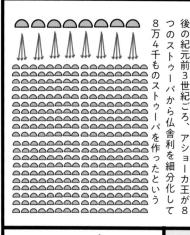

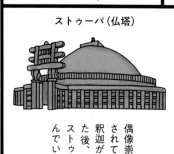

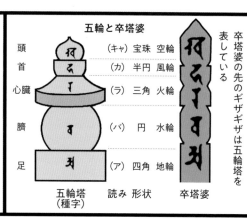

ストゥーパにお釈迦様の生涯をレリーフ（浮き彫り）にし

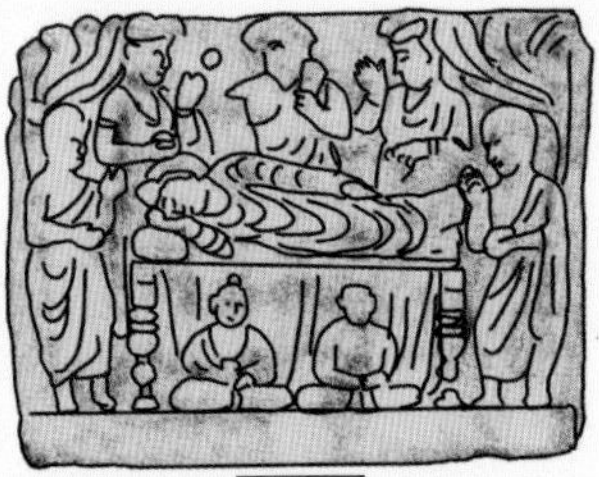

涅槃《ねはん》

誕生《たんじょう》

お釈迦様のシンボルとして法輪・仏足石・菩提樹を拝んでいた

菩提樹《ぼだいじゅ》

お釈迦さまが悟りをこの木の下で開いたから

法輪《ほうりん》

仏教の教えが、車輪が転がるよう広がるように

仏足石《ぶっそくせき》

お釈迦様の足の跡を石に刻んだもの

お釈迦様が亡くなって500年たった頃、お釈迦様の姿が見たいという声が高まり、ガンダーラとマトゥーラでほぼ同時期に仏像が作られた

そしてついに仏像が造られた！

マトゥーラ

赤っぽい色
丸顔で薄着

ガンダーラ

ギリシア彫刻風
彫りが深くて厚着

お釈迦さまの特徴（如来の特徴）

お釈迦さまはこんな人だったという特徴32個を表す「三十二相《そう》」と、より細く80個表した「八十種好《しゅごう》」がある。髪が青いとか、身長が1丈6尺(約4.8m)もあるなど、人間離れした特徴が多い

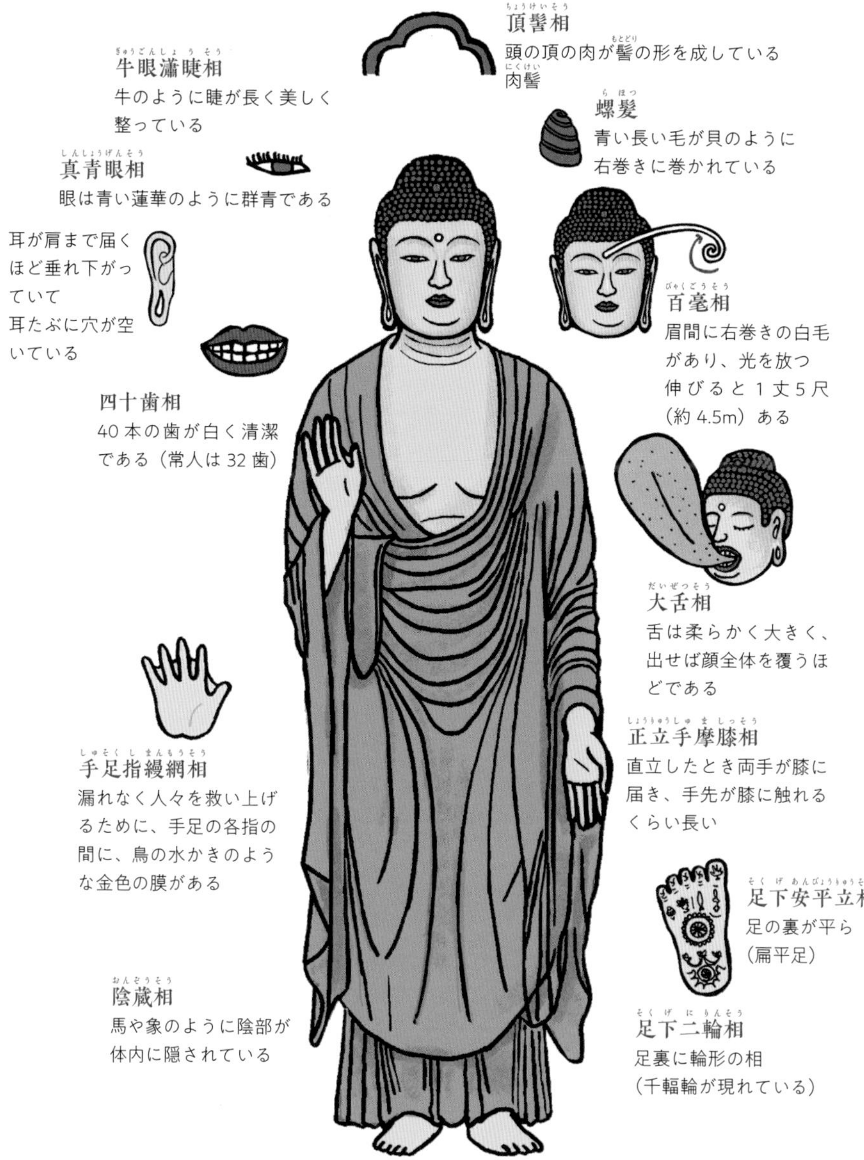

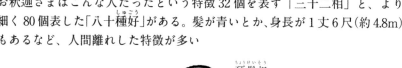

お釈迦さまの32の特徴「三十二相」

1. 足《そく》下《げ》安《あん》平《びょう》立《りゅう》相《そう》　足の裏が平ら（扁平足）
2. 足《そく》下《げ》二《に》輪《りん》相《そう》　足裏に輪形の相（千輻輪）が現れている
3. 長《ちょう》指《し》相《そう》　10 本の手足の指が長い
4. 足《そく》跟《げん》広《こう》平《びょう》相《そう》　足のかかとが広く平らかである
5. 手《しゅ》足《そく》指《し》縵《まん》網《もう》相《そう》　手足の各指の間に、鳥の水かきのような金色の膜がある
6. 手《しゅ》足《そく》柔《にゅう》軟《なん》相《そう》　手足が柔らかである
7. 足《そく》趺《ふ》高《こう》満《まん》相《そう》　足の甲が厚く盛り上がっている
8. 伊《い》泥《でい》延《えん》腨《せん》相《そう》　足のふくらはぎが鹿のように円く微妙な形をしている
9. 正《しょう》立《りゅう》手《しゅ》摩《ま》膝《しっ》相《そう》　直立したとき両手が膝に届き、手先が膝をなでるくらい長い
10. 陰《おん》蔵《ぞう》相《そう》　馬や象のように陰部が体内に隠されている
11. 身《しん》広《こう》長《じょう》等《とう》相《そう》　身長と両手を広げた長さが等しい
12. 毛《もう》上《じょう》向《こう》相《そう》　体のすべての毛が上を向いている
13. 一《いち》一《いち》孔《く》一《いち》毛《もう》相《そう》　毛穴にはすべて 1 本の毛が生えている
14. 金《こん》色《じき》相《そう》　全身すべて黄金色に輝いている
15. 丈《じょう》光《こう》相《そう》　身体から四方に一丈の光を放っている
16. 細《さい》薄《はく》皮《ひ》相《そう》　身体の皮は薄く、一切汚れていない
17. 七《しち》処《しょ》隆《りゅう》満《まん》相《そう》　両掌と両足の裏、両肩、首筋の 7 箇所の肉が円満で浄らかである
18. 両《りょう》腋《やく》下《げ》隆《りゅう》満《まん》相《そう》　両腋の下にも肉がついている
19. 上《じょう》身《しん》如《にょ》獅《し》子《し》相《そう》　上半身に威厳があり、瑞厳なること獅子のようである
20. 大《だい》直《じき》身《しん》相《そう》　身体が大きくて整っている
21. 肩《けん》円《えん》満《まん》相《そう》　両肩が丸く豊かである
22. 四《し》十《じゅう》歯《し》相《そう》　40 本の歯が白く清潔である（常人は 32 歯）
23. 歯《し》斉《さい》相《そう》　歯の大きさが同じで、1 本のように並びが美しい。
24. 牙《げ》白《びゃく》相《そう》　40 歯以外に四牙あり、とくに白く大きい。
25. 獅《し》子《し》頬《きょう》相《そう》　両頬が獅子のように膨らんでいる。
26. 味《み》中《ちゅう》得《とく》上《じょう》味《み》相《そう》　何を食べても最上の味を味わえる。
27. 大《だい》舌《ぜつ》相《そう》　舌は柔らかく大きく、出せば顔全体を覆うほどである。
28. 梵《ぼん》声《じょう》相《そう》　梵天のように大きく美しい声で聞く者を感嘆させる。
29. 真《しん》青《しょう》眼《げん》相《そう》　眼は青い蓮華のように紺青《こんじょう》である。
30. 牛《ぎゅう》眼《ごん》瀟睫《しょう》相《そう》　牛のように睫が長く美しく整っている。
31. 頂《ちょう》髻《けい》相《そう》　頭の頂の肉が隆起して髻《もとどり》の形を成している。肉髻《にくけい》
32. 白《びゃく》毫《ごう》相《そう》　眉間に右巻きの白毛があり、光を放つ。伸びると 1 丈 5 尺（約 4.5m）ある。

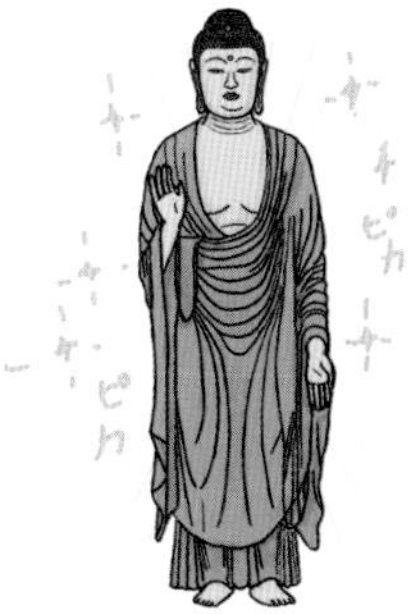

金色相
命あるものから慕われ、苦しみを除き、仏道へと導く

足《そく》趺《ふ》高《こう》満《まん》相《そう》
亀の甲羅のように厚く盛り上がった足の甲は内面の豊かさを表している

いろいろな大仏

お釈迦様の身長が１丈６尺（約 4.8m）あったとされるので、立像で 4.8m 以上、坐像ならその半分の 2.4m 以上の仏像を「大仏」という。千葉県鎌ケ谷市の鎌ヶ谷大仏は座像で 1.8m しかないが、「大仏」と言われており、例外もある

鎌倉大仏

11.3 m（神奈川県）

奈良大仏

14.98 m（奈良県）

東京大仏

8.2m（東京都）

日本寺大仏

31.05m（千葉県）

上野大仏

1.5m（東京都）

飛鳥大仏

2.7m（奈良県）

牛久大仏

120m（茨城県）

「青銅製立像」で、世界一の大きさとしてギネスに載っている

兵庫大仏

11m（兵庫県）

鎌ヶ谷大仏

1.8m（千葉県）

高岡大仏

7.4m（富山県）

仏像の種類とグループ

位が高い

如来《にょらい》

悟りを開いた姿。大日如来を除いては、パンチパーマのような螺髪、冠などのアクセサリーをつけないシンプルなお姿

菩薩《ぼさつ》

菩薩は、悟りを開くために修行中。あえて悟りを開かず、私たちと共にいてくださるとも。王子だったころの釈迦の姿で、冠やネックレスを身に着け、髪の毛を高く結い上げている（地蔵菩薩を除く）。馬頭観音以外は、優しいお顔

明王《みょうおう》

密教で考え出された仏像で、大日如来の化身。言うことを聞かない人々を仏教に導くために、孔雀明王以外は、怖い顔をしている。武器や蛇などを持つ

天《てん》

バラモン教やヒンズー教などのインドの神様が、仏教に取り入れられた護法善神。女性や、顔が動物の姿の像もある

それ以外には、釈迦の弟子の羅漢や、偉いお坊様の高僧や、仏教に大きな役割を果たした聖徳太子の像なども仏像に含まれる

如来の種類と特徴

阿弥陀《あみだ》

（西方極楽浄土）

指と指でOKマーク

薬師《やくし》

（東方極楽浄土）

平安時代以降の薬師如来像は薬壷を持つ

釈迦《しゃか》

（霊山浄土）

施無畏印《せむいいん》
怖れなくていいよ、という意味

与願印
願いを聞いてあげるよ、という意味

阿弥陀三尊

阿弥陀如来

勢至菩薩
（合掌している頭上に水瓶）

観音菩薩
（手に蓮華頭上に阿弥陀）

薬師三尊

薬師如来

月光《がっこう》菩薩
（月の月輪を持つ）

日光《にっこう》菩薩
（太陽の日輪を持つ）

釈迦三尊

釈迦如来

普賢《ふげん》菩薩
（象に乗る）

文殊菩薩
（獅子に乗る）

二十五菩薩を従える

十二神将《じゅうにしんしょう》の眷属《けんぞく》
12の神それぞれが7千人の部下を持つ（合計8万4千人）

八部衆の眷属

十大弟子や羅漢などの弟子

毘盧遮那仏《びるしゃなぶつ》

盧舎那仏とも呼ばれる。太陽を表す。宇宙の中心から太陽のように照らし続ける仏さま。密教においては大日如来と同一視される

大日如来

大日如来は、密教において最高の如来で、宇宙と一体と考えられている。毘盧遮那仏の進化系。大日如来は、如来、菩薩、明王、天のあらゆる仏に変身するとされる。如来だが、パンチパーマのような螺髪ではなく髪を高く結い上げアクセサリーを身にまとう菩薩のような姿をしている。金剛界と胎蔵界の２種類の大日如来がいらっしゃる

胎蔵界《たいぞうかい》大日如来

慈悲を象徴。胎蔵界の大日如来は、お腹の前で両手を上下に重ねて法界定印を結んでいる

金剛界《こんごうかい》大日如来

智慧《ちえ》を象徴。金剛界の大日如来は、胸の前で忍者のような智拳印《ちけんいん》を結んでいる

胎蔵界曼荼羅

金剛界曼荼羅《まんだら》

この２つの曼荼羅を両界曼荼羅という。
密教は教えがとても奥深くて、簡単には理解できない。
それをわかりやすく図像にしたものが曼荼羅。密教の世界観が示されている

五智如来《ごちにょらい》

五智如来とは、密教で大日如来を中尊とする５体の如来を総称した呼び名で、密教で５つの知恵を５体の如来にあてはめたもの。金剛界と胎蔵界とでは名が異なる

金剛界五仏

西

阿弥陀如来
存在を正しくとらえ、仏教の実践を支える智「妙観察智《みょうかんさつち》」を持つ

北

不空成就如来《ふくうじょうじゅにょらい》
振る舞い方によって願いが成就する智慧の「成所作智」を授ける。手は、施無畏印

金剛界大日如来

南

宝生《ほうしょう》如来
すべてが差別なく平等であるとする智「平等性智《びょうどうしょうち》」をつかさどる。一切の財宝をつかさどる。

東

阿閦《あしゅく》如来
大きな円の鏡に映る智慧の「大円鏡智《だいえんきょうち》」を持つ。左手で衣の端をにぎる。

胎蔵界五仏

西

無量寿《むりょうじゅ》如来
菩提（悟りの実感を得ること）を表す

北

天鼓雷音《てんくらいおん》如来
涅槃（悟りが完成すること）を表す

胎蔵界大日如来

南

開敷華王《かいふけおう》如来
修行（悟りへ向かって努力を積むこと）を表す

東

宝幢《ほうとう》如来
発心《ほっしん》（悟りを開こうとする心を起こすこと）を表す

菩薩の種類と特徴

菩薩の特徴　菩薩は出家前の王子様だった頃の釈迦をモデルにしているので、冠やアクセサリーをつけたきらびやかな姿をしている

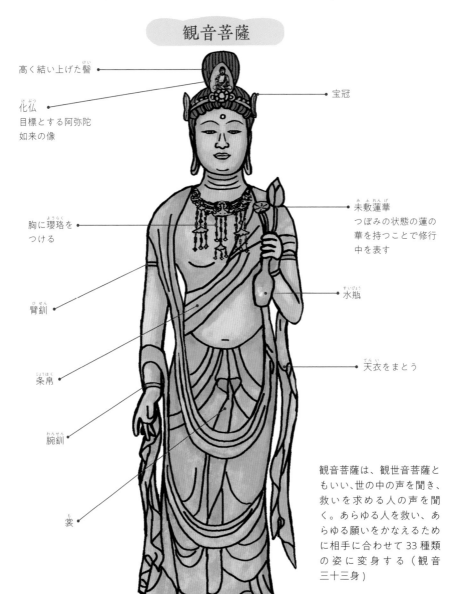

観音菩薩

観音菩薩は、観世音菩薩ともいい、世の中の声を聞き、救いを求める人の声を聞く。あらゆる人を救い、あらゆる願いをかなえるために相手に合わせて33種類の姿に変身する（観音三十三身）

普賢菩薩《ふげんぼさつ》

女性やあらゆるものを救済してくれる仏様。普賢菩薩の眷属《けんぞく》は、鬼子母神とその子供の十羅刹女《じゅうらせつにょ》

文殊菩薩

智慧の仏様。優填王《うでんおう》、仏陀波利三蔵《ぶっだはりさんぞう》、善財童子《ぜんざいどうじ》、大聖老人（あるいは最勝老人の４人の脇侍を伴う５人組の「渡海文殊《とかいもんじゅ》」と表されることもある

地蔵菩薩

子供を守る仏。閻魔王《えんまおう》と同一。地獄に落ちた人も救う。釈迦が亡くなってから弥勒菩薩が如来になるまで、みんなを救ってくれる

月光《がっこう》菩薩

夜間にみんなを見守る

日光菩薩

昼間にみんなを見守る

日光菩薩・月光菩薩は薬師如来の脇侍

虚空蔵菩薩《こくうぞうぼさつ》

広大な宇宙のような無限の智慧と慈悲を持つ。空海はこの虚空蔵菩薩に真言を百万遍唱える「虚空蔵求聞持法《ぐもんじほう》」の修行を行い、記憶力を高めた

弥勒《みろく》菩薩

右足を曲げて左膝の上に乗せ、右手の指を頬に当てて物思いにふけるような半跏《はんか》思惟《しい》の姿が多い。兜率天《とそつてん》にいて釈迦が亡くなって56億７千万年後に如来になり、下界に降ってみんなを救う

文殊菩薩《もんじゅ》と維摩居士《ゆいまこじ》

文殊菩薩は古代インドのコーサラ国の首都・舎衛国《しゃえいこく》にいた、バラモン階級の実在の人物とされる
あるとき、維摩居士（古代インドの大金持ちの商人）が病になった。
だれか維摩居士のお見舞いに行ってくれないか
お釈迦さま
嫌です
嫌です
弟子たち
居士＝出家せず家に居たまま仏道を修行する男子
維摩居士はお釈迦さまの弟子達や弥勒菩薩たちを難解な問答でやり込めるので、皆は痛い目にあっていたのだ
そんなことも知らないの？
勉強不足だ
文殊が見舞い役を引き受けることに
私が行きます
おお！
お見舞いに行った文殊菩薩は維摩居士と論争する
どうすれば不二法門《ふにほうもん》（悟り）に入れるか
言葉などを超えたところにある
あなたはどう考えますか？
……
維摩、黙して語らず
すばらしい！言葉がない。これこそ本当の不二法門だ
エヘン
文殊は維摩と対等に渡りあった

弥勒菩薩と地蔵菩薩

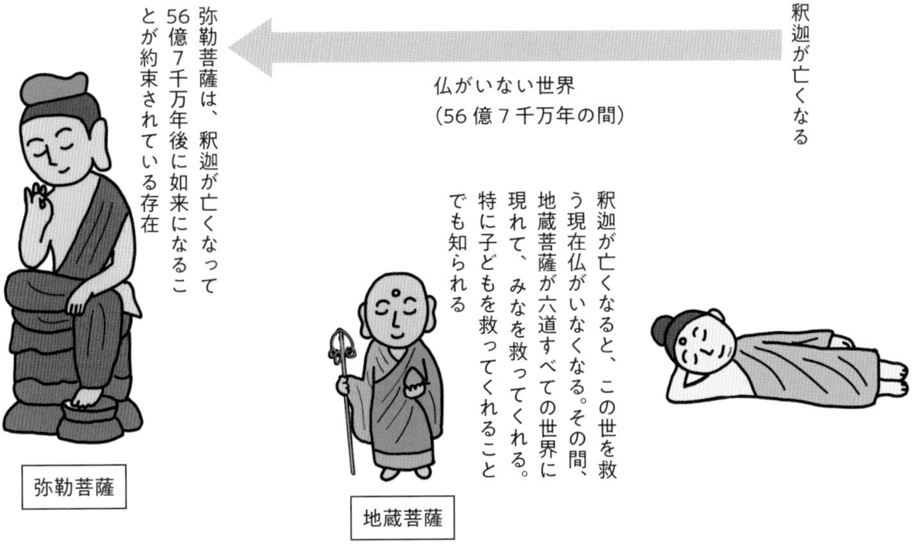
釈迦が亡くなる
仏がいない世界
（56億7千万年の間）
弥勒菩薩は、釈迦が亡くなって56億7千万年後に如来になることが約束されている存在
釈迦が亡くなると、この世を救う現在仏がいなくなる。その間、地蔵菩薩が六道すべての世界に現れて、みなを救ってくれる。特に子どもを救ってくれることでも知られる
弥勒菩薩
地蔵菩薩

六道《ろくどう》

仏教において、衆生（生きとし生けるもの全て）がその業《ごう》の結果として輪廻転生する6つの世界

三善道《さんぜんどう》 or 三善趣《さんぜんしゅ》	天	天人が住む。人間の世界より苦が少なく、楽が多い世界
	人間	人間が住む。生老病死の四苦八苦がある世界
	修羅	阿修羅が住む。怒りに我を忘れ、戦いを繰り返す。欲望を抑えることが出来ない世界
三悪道《さんあくどう》 or 三悪趣《さんあくしゅ》	畜生《ちくしょう》	鳥・獣・虫・魚など人間以外の動物の世界。弱肉強食が繰り返され、互いに殺傷しあう
	餓鬼《がき》	餓鬼の世界。食べ物を口に入れようとすると火となり、飢えと渇きに悩まされる世界
	地獄	さまざまな苦しみを受ける世界。6つのうち最も苦しみの多い世界

六観音（七観音）

六道それぞれの衆生を救う６体の観音。天道に如意輪観音、修羅道に十一面観音、人間道に真言系では准胝観音《じゅんでいかんのん》、または天台系では不空羂索観音《ふくうけんさくかんのん》、畜生道に馬頭観音《ばとうかんのん》、餓鬼道に千手観音、地獄道に聖観音《しょうかんのん》を配する

修羅道を救う

十一面観音

頭部に360度のあらゆる方角を常に見て、命あるすべてのものたちのどんな苦難も見逃さないように10もしくは11の顔を持つ

天道を救う

如意輪観音

如意とは如意宝珠、輪とは法輪の略。「如意宝珠」は、どんな願いも叶えてくれる宝の珠《たま》で、「法輪《ほうりん》」は煩悩を打ち砕く。これらを手に持ち、平安時代以降の像は６本の腕で片膝を立てて座る（輪王座）が多い。それ以前は２本の腕で半跏像《はんかぞう》である場合もある

人間道を救う

不空羂索観音 天台系

羂索《けんさく》（投げ縄）と満開の蓮の花を持つ。鹿の毛皮をまとう。あらゆる人々の悩みを逃がすことなく救済し、願いを叶えてくれる

准胝観音《じゅんでいかんのん》 真言系

別名を「准胝仏母」とも言い、安産、子授けの功徳もある。1つの顔に3つの目、18本の腕（一面三目十八臂《いちめんさんもくじゅうはっぴ》）を持つ姿が多い

畜生道を救う

馬頭《ばとう》観音

馬口印《まこういん》
人差し指と薬指を伸ばして中指を折り馬の口を模した形

頭上に馬の頭を乗せている。3つの顔をもち、それぞれに3つの目を持つ。優しい顔をしている観音菩薩の中で馬頭観音だけは怒った顔をしている。馬が草を食べるように煩悩を食い尽くしてくれる。また、乗り物でもあった馬を守ることから、交通安全のご利益もある

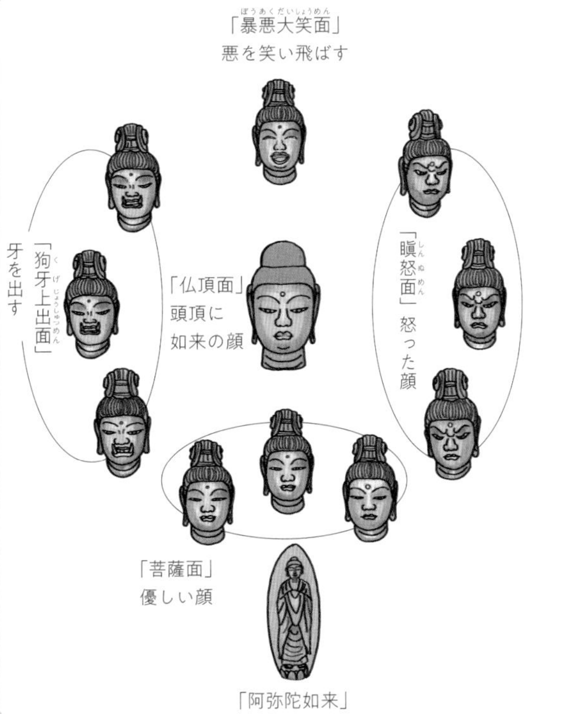

地獄道を救う

聖《しょう》観音

蓮華の蕾《つぼみ》

顔が1個、腕が2本（一面二臂《いちめんにひ》）の最も基本的な姿の観音様

餓鬼道を救う

千手観音

頭上に11面の顔をつけ、正面で合掌する2本を除き左右に20本ずつの合計42本で表されることが多い。1本あたり25の世界を救うとされ40 × 25 = 1000本を表している

千手観音の持物

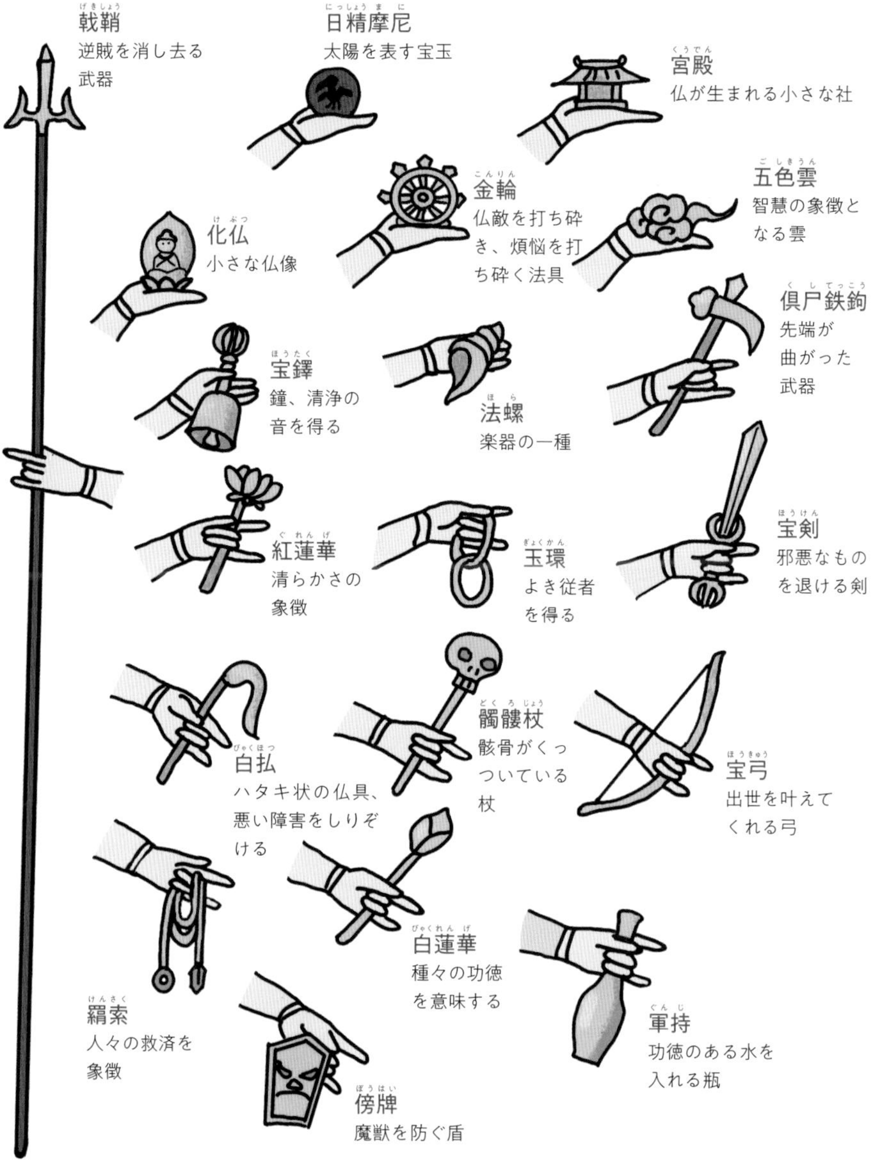
戟鞘《げきしょう》
逆賊を消し去る
武器
日精摩尼《にっしょうまに》
太陽を表す宝玉
宮殿《くうでん》
仏が生まれる小さな社
五色雲《ごしきうん》
智慧の象徴と
なる雲
金輪《こんりん》
仏敵を打ち砕
き、煩悩を打
ち砕く法具
化仏《けぶつ》
小さな仏像
倶尸鉄鉤《くしてっこう》
先端が
曲がった
武器
宝鐸《ほうたく》
鐘、清浄の
音を得る
法螺《ほら》
楽器の一種
宝剣《ほうけん》
邪悪なもの
を退ける剣
紅蓮華《ぐれんげ》
清らかさの
象徴
玉環《ぎょくかん》
よき従者
を得る
髑髏杖《どくろじょう》
骸骨がくっ
ついている
杖
白払《びゃくほつ》
ハタキ状の仏具、
悪い障害をしりぞ
ける
宝弓《ほうきゅう》
出世を叶えて
くれる弓
白蓮華《びゃくれんげ》
種々の功徳
を意味する
羂索《けんさく》
人々の救済を
象徴
軍持《ぐんじ》
功徳のある水を
入れる瓶
傍牌《ぼうはい》
魔獣を防ぐ盾

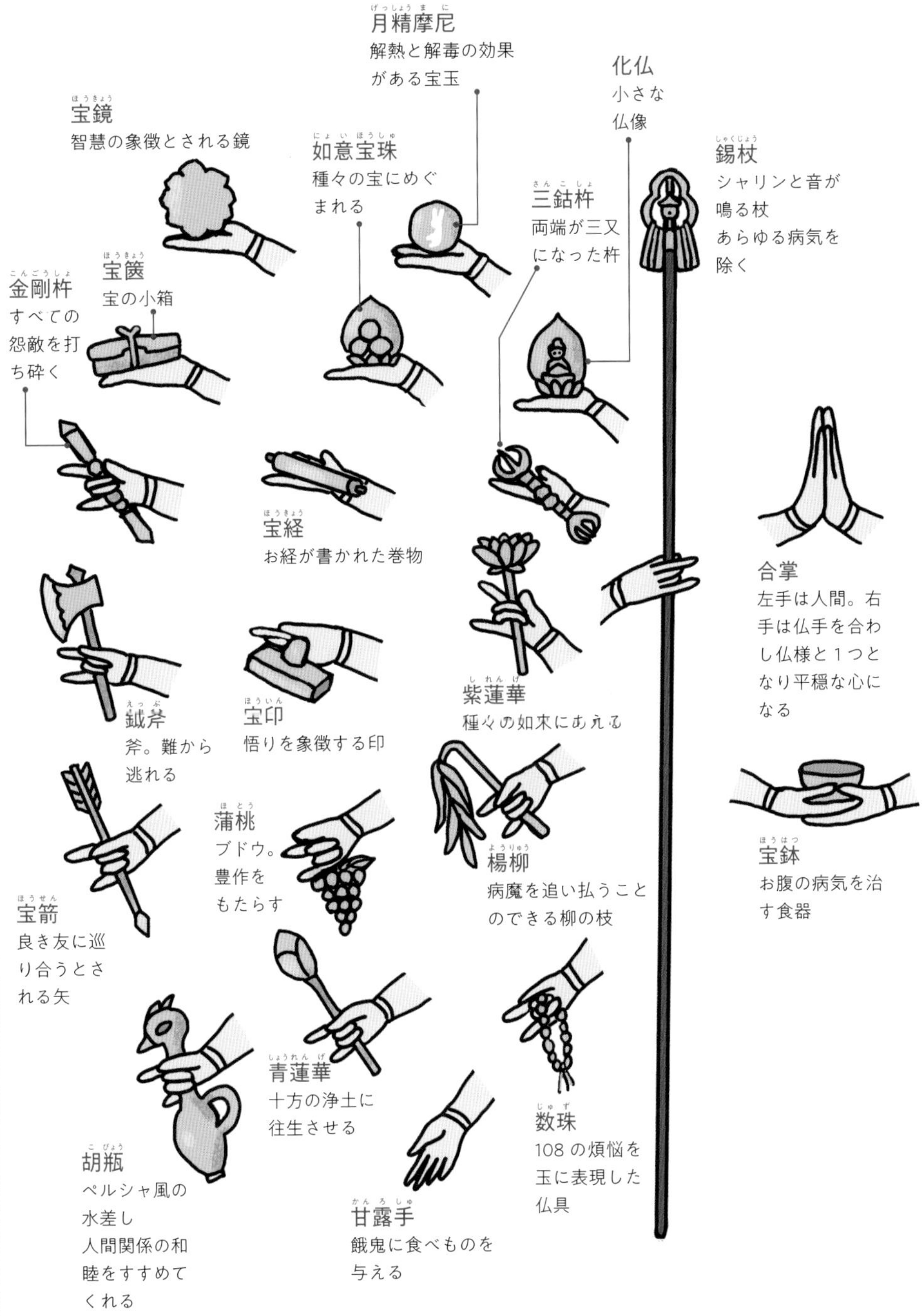
月精摩尼《げっしょうまに》
解熱と解毒の効果
がある宝玉
化仏
小さな
仏像
宝鏡《ほうきょう》
智慧の象徴とされる鏡
如意宝珠《にょいほうしゅ》
種々の宝にめぐ
まれる
錫杖《しゃくじょう》
シャリンと音が
鳴る杖
あらゆる病気を
除く
三鈷杵《さんこしょ》
両端が三叉
になった杵
宝篋《ほうきょう》
宝の小箱
金剛杵《こんごうしょ》
すべての
怨敵を打
ち砕く
宝経《ほうきょう》
お経が書かれた巻物
合掌
左手は人間。右
手は仏手を合わ
し仏様と１つと
なり平穏な心に
なる
紫蓮華《しれんげ》
種々の如来にあえる
鉞斧《えっぷ》
斧。難から
逃れる
宝印《ほういん》
悟りを象徴する印
宝鉢《ほうはつ》
お腹の病気を治
す食器
蒲桃《ほとう》
ブドウ。
豊作を
もたらす
楊柳《ようりゅう》
病魔を追い払うこと
のできる柳の枝
宝箭《ほうせん》
良き友に巡
り合うとさ
れる矢
青蓮華《しょうれんげ》
十方の浄土に
往生させる
数珠《じゅず》
108 の煩悩を
玉に表現した
仏具
胡瓶《こびょう》
ペルシャ風の
水差し
人間関係の和
睦をすすめて
くれる
甘露手《かんろしゅ》
餓鬼に食べものを
与える

明王の種類と特徴

明王は、密教で生み出された仏で、大日如来の化身とされる。大日如来のいうことを聞かない者も従わせて仏教の道に導こうとしているために、牙をむき、目を吊り上げた怒った顔（忿怒相《ふんぬそう》）で表される。身につけているものは菩薩とほぼ同じで、上半身に条帛《じょうはく》と呼ばれる布。中にはアクセサリーのほか、体や腕に蛇を巻きつけている像もある。ほとんどの明王が、武器を持つ。背中には煩悩を焼き尽くす火炎光背を背負っている像もある

不動明王

明王で有名なのが不動明王。「お不動さん」と呼ばれ親しまれている

背中に「火焔《かえん》光背」を背負っている。断ち切った煩悩を火焔光背で焼くとされる

右手に剣を持つ
煩悩を「剣」で断ち切る

左に羂索《けんさく》という縄の両端に金具がついた武器を持つ
煩悩を縛りあげたり、人々救済するときに投げ縄のように使う

十九観様《じゅうきゅうかんよう》

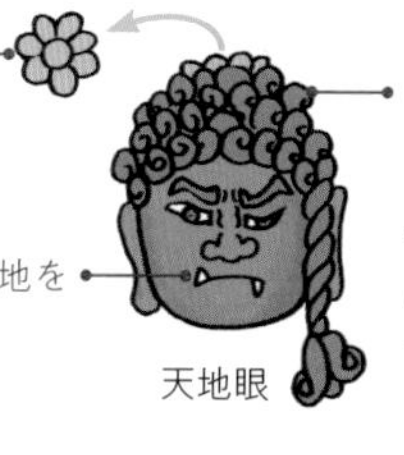

莎髻《しゃけい》

カールしている
（巻髪《けんぱつ》）

牙が天と地を向く

天地眼

平安後期に不動明王の特徴を描いた不動十九観に基づくお姿
（天台宗系）

弘法大師様《こうぼうだいしよう》

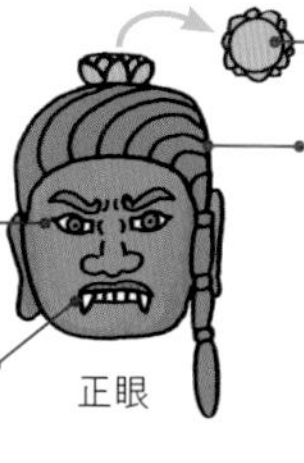

蓮華

両目は見開いている

ストレートヘアー
（総髪）

上の歯で下唇をかむ

正眼

弘法大師が伝えたとされるお姿
（真言宗系）

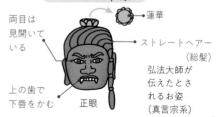

八大童子

不動明王につかえる８人の童子たち。八大童子のうち矜羯羅《こんがら》、制多迦《せいたか》の二童子を脇侍とした「不動三尊」で祀られることが多い

制多伽童子《せいたかどうじ》

やんちゃな姿をしている。制多伽童子の「せいたか」とは背が高いという意味でなく、サンスクリット語の「チェータカ」の音写したもので、従僕や奴隷の意味

矜羯羅童子《こんがらどうじ》

胸の前で手を合わせて独鈷杵《どっこしょ》を持ち、静かな姿。制多伽童子と共に、不動明王の脇侍に祀られることが多い。体は白い。通常は不動明王に向かって右に配置される。経典によると、15 歳の少年の姿とされる

清浄比丘童子《せいじょうびくどうじ》

比丘とは、男性の出家修行者のこと。ちなみに女性の出家修行者は比丘尼。出家しているだけあってお坊さんのように頭を丸め、衣と袈裟を身につけている。右手に三鈷杵《さんこしょ》、左手に巻物を持っている

恵喜童子《えきどうじ》

全身赤く、紅蓮華《ぐれんげ》色とされている。左手に金色の摩尼《まに》宝珠《ほうしゅ》を持つ

恵光童子《えこうどうじ》

恵みの光で一切を照らしだす。右手に金剛杵、左手に月輪を乗せた蓮華を持つ

阿耨達童子《あのくたどうじ》

龍に乗る。左手には蓮華を持つ

持徳童子《じとくどうじ》

額にも目がある。鎧兜を身につけ、左手には輪宝を持ち、右手には三叉戟《さんさげき》を持つ

烏倶婆誐童子《うぐばがどうじ》

手に小さな独鈷杵のみ

五大明王

五智如来《ごちにょらい》の化身で、密教で不動明王を中心として四方に配され、魔を降伏させる五大明王。真言宗（東密）の不動明王が中心に位置し、北に金剛夜叉明《こんごうやしゃみょう》王《おう》、東に降三世明王《ごうざんぜみょうおう》、西に大威徳明王《だいいとくみょうおう》、南に軍荼利明王《ぐんだりみょうおう》。天台宗（台密）では、金剛夜叉明王の代わりに烏枢沙摩明王《うすさまみょうおう》になる

西

大威徳明王《だいいとくみょうおう》

6つの顔で六道をくまなく見渡す
腕は6本（六臂《ろっぴ》）
中央の2手は檀陀印《だんだいん》
六道を歩いて清めるため足が6本ある
神の使いの水牛に乗る

阿弥陀如来の化身。一切の悪を降伏させせる力を持っている。大威徳明王の梵語名のヤマーンタカは「死の神ヤマ(＝閻魔《えんま》)を倒すもの」の意味がある

北

金剛夜叉明王《こんごうやしゃみょうおう》

三面
（顔が3つ）
六臂《ろっぴ》
（腕が6本）
中央の顔に5つの目がある

不空成就如来の化身。一切の悪衆生と三世（過去・現在・未来）の様々な欲望・悪を金剛杵で打ち砕くとされている

中心

不動明王

南

軍荼利明王《ぐんだりみょうおう》

一面三目八臂
(腕が8本)
胸前で腕を交差させ指を3本立てるという独特な大瞋印《だいしんいん》
蛇を手足に巻く

宝生如来の化身。軍荼利とは、グンダリーの音訳で、「とぐろを巻くもの」を意味する

東

降三世明王《こうさんぜみょうおう》

四面（顔が4つ）
八臂（腕が8本）
眉間にも目があり三目
左右の第一手で小指を絡めて、人指し指を立てる「独特の降三世印」
ヒンズー教の最高神大自在天（シヴァ神）
シヴァ神の妃である烏摩《ウマー》

阿閦《あしゅく》如来の化身として、「過去、現在、未来」の3つの世界を降伏させるもの」という意味から降三世明王と言われる。貪《とん》（＝むさぼり）、瞋《じん》（＝怒り）、癡《ち》（＝愚かさ）の三煩悩を取り除いてくれるとされる

愛染明王《あいぜんみょうおう》

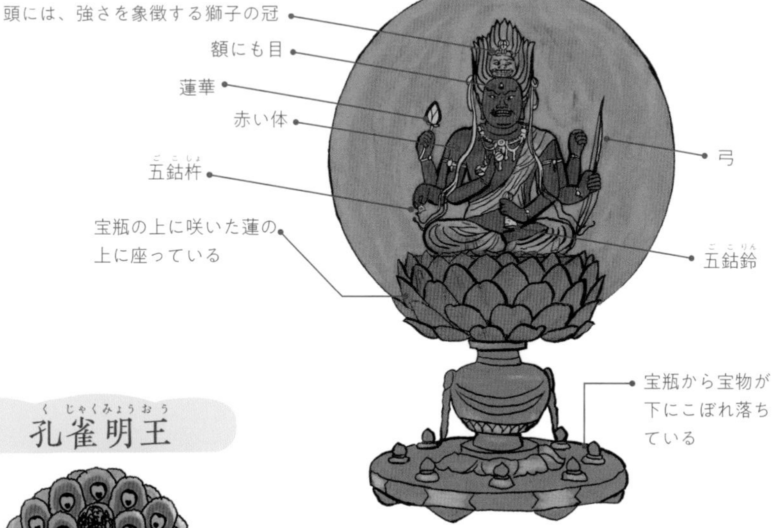

愛を表現しているため、体の色は、真っ赤。頭には、強さを象徴する獅子の冠。宝瓶の上に咲いた蓮の華の上に座っている。「愛染＝藍染」で、染物・織物職人の守護神としても信仰されている

孔雀明王《くじゃくみょうおう》

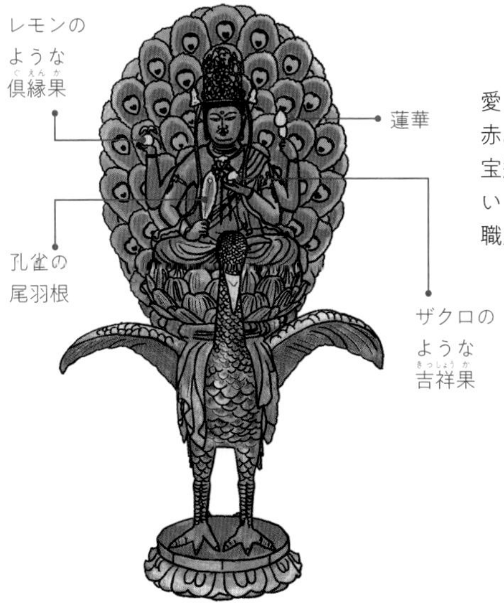

孔雀は害虫や毒蛇を食べることから、孔雀明王には人々の災厄や苦痛を取り除く功徳がある。明王の中で、唯一やさしいお顔をされている

烏《う》枢《す》沙《さ》摩《ま》明王《みょうおう》

天台系の台密では、五大明王の一尊である。炎の神であり不浄を清浄する、火神・トイレの神として信仰される

天の種類と特徴

天は、サンスクリットの「デーヴァ（Deva)」で、インドのヒンズー教やバラモン教の神を意味する。中国で「天」と訳された。女性や動物の顔をした姿のものは天だけである。四天王、金剛力士（仁王)、十二神将などは、仏教を守るガードマンの役目をしている。位の高い貴紳の梵天や帝釈天なども「天」である。

女神

女性の神様。
吉祥天
弁財天など

願いを叶える
如意宝珠

吉祥天や弁財天などの女神は
中国の貴族風の姿

貴紳《きしん》形

身分の高い
帝釈天
梵天など

動物形

顔が動物、
体が人間の姿。
迦楼羅天《かるらてん》
聖天《しょうてん》など

武人

武装した男性。
四天王
十二神将など

梵天《ぼんてん》と帝釈天《たいしゃくてん》

梵天と帝釈天は二大護法善神。四天王を配下として、須弥山《しゅみせん》という仏教世界の中心にある高山の頂上に住んでいる。両尊とも中国の貴人の服装で表されるが、平安時代に密教が伝わってからは動物に乗った姿や、４面の顔で表されるようになった

帝釈天

甲冑《かっちゅう》をつけている

古代インドの神「インドラ」が仏教に取り入れられたもので、仏教の守護神

梵天

古代インドの宇宙創設の神「ブラフマー」が仏教に取り入れられたもので、仏教の守護神

四天王

須弥山《しゅみせん》の中腹で、東西南北を守護している四神

西

広目天《こうもくてん》

西方を守護する。
広く見渡すことのできる目を持ち、筆と巻物を手にしていることが多い

南

増長天《ぞうちょうてん》

南方を守護する

東

持国天《じこくてん》

東方を守護する

邪鬼《じゃき》を踏む。
「あまのじゃく」とも呼ばれ、苦悶している顔に愛嬌がある

北

多聞天《たもんてん》

北方を守護する。
毘沙門天とも呼ばれ手に塔を持っている

女神

弁財天

ヒンドゥー教の川の女神であるサラスヴァティーが
神仏習合によって神道にも取り込まれた

8本の手（8臂）に戦闘神として武器の弓、箭《せん》、刀、矟《さく》、斧、長杵、鉄輪、羂索や、財宝としての宝珠と鍵などを持つ。頭上に宇賀神《うがじん》（蛇神）を載せる場合も多い

訶梨帝母《かりていも》（鬼子母神《きしもじん》）

訶梨帝母は千人の子供の母でもあり、昔は人の血肉を食べる夜叉であったため、人の子供をさらってきてはわが子の餌食にしていた。しかし、釈迦がこの母の末の子を隠し、非道を諭した。その後、この鬼の母は、子供の守り神になったと言われる

吉祥天

元ヒンドゥー教の女神であるラクシュミーが仏教に取り入れられたもの。夫を毘沙門天、息子を善《ぜん》膩師童子《にしどうじ》とする。幸福・美・富の神とされる

その他

大黒天

もとはヒンドゥー教の破壊神シヴァの化身で、破壊と戦闘を司る神マハーカーラが前身。だから怖い顔をしている。マハーが大で、カーラが黒なので「大黒」。「大国主命」と似ていたので、福の神のようなお姿になった

聖天《しょうてん》（歓喜天《かんぎてん》）

象頭人身の２人が抱擁している。多くは厨子などに安置され、秘仏

韋駄天《いだてん》

破壊神シヴァの次男で、歓喜天の弟とされる。仏教に取り入れられてから、仏法と寺院を護る守護神となる。鬼が釈迦の遺骨である仏舎利を盗んだ際、追って取り戻した。そのため、足の速い人を「韋駄天」、速い走り方を「韋駄天走り」というようになった。釈迦のために駆け回って食料を集めていたことが、「ご馳走」の由来でもある

お釈迦さまの弟子（十大弟子）

十大弟子とは、釈迦の弟子たちのなかで主要な 10 人のこと

羅睺羅《らごら》

密行第一《みつぎょうだいいち》。釈迦の息子。釈迦と顔が似ておらず、かなり不細工だったとされる。「顔は不細工でも、私の心は仏である」と言って、胸を開けて見せたという。十大弟子のなかで唯一、羅睺羅だけが十六羅漢に入っている

目犍連《もくけんれん》（目連《もくれん》）

神通第一《じんずうだいいち》。不思議な力を持つ。目犍連が神通力で亡くなった母親の姿を探すと、餓鬼道に堕ちているのを見つけた。飢えていたので水や食べ物を差し出したが、ことごとく、口に入る直前に炎となって、母親の口には入らなかった。釈迦に実情を話して方法を問うと、「多くの僧が修行を終える 7 月 15 日に、ご馳走を用意して経を読み、供養しなさい。母親にも、その施しの一端が口に入るだろう」と答えた。目犍連がその通りにすると、母親は餓鬼の苦しみから救われた。それがお盆（盂蘭盆会《うらぼんえ》）の起源とされる

阿難陀《あなんだ》

多聞第一《たもんだいいち》。お釈迦さまのそばで一番よく話を聞いた。イケメンで、120 歳まで生きた。出家して以来、釈迦が死ぬまで 25 年間、釈迦の付き人をした。釈迦が亡くなったことを表す涅槃図では、悲しみのあまりに気を失い、死人のようにうつぶせに倒れている様で描かれている。第一結集のとき、阿難陀の記憶に基づいて経が編纂された

大迦葉《だいかしょう》

頭陀第一《ずだだいいち》。頭陀とは、衣食住に関する貪欲を払いのけて仏道修行に励むこと。仏弟子となって 8 日目に悟ったと伝えられる。釈迦が黙って花を差し出したときに、皆はその意味を理解できなかったが、大迦葉だけは理解し微笑んだ（拈華微笑《ねんげみしょう》）。釈迦の死後、その教団を統率

舎利弗《しゃりほつ》

智慧第一。智慧がある。「般若心経」にも登場。最高の悟りを得た舎利弗は、釈迦の信頼も厚く、時には釈迦に代わって法を説くこともあったという

阿《あ》那《な》律《りつ》

天眼第一《てんげんだいいち》。すべてを見通す特別な眼を持つ。釈迦のいとこで阿難陀と共に出家。釈迦の前で居眠りして怒られ、眠らぬ誓いを立てて失明。そのため、かえって真理を見る眼を得た

須《しゅ》菩《ぼ》提《だい》

解空第一《げくうだいいち》。執着することの愚かさを知り、「空」の考えに精通していた

富《ふ》楼《る》那《な》

説法第一。道理に通じて弁が立ち、説得力があった。釈迦が悟りを開いて初めての説法（初転法輪）の後の第一の弟子。十大弟子のなかでは最古参

迦《か》旃《せん》延《ねん》

論議第一。教団でも優れた理論家。迦旃延の兄も優秀で、父親は兄が迦旃延に嫉妬するのを心配し、迦旃延をアシタ仙人に預ける。アシタ仙人は、釈迦はいずれ仏陀（悟りを開く）となると予言をした人。ある時、難解な文をどうしても理解できず、釈迦に教えを請うことになり、これがきっかけで弟子となる。

優《う》波《ば》離《り》

持律第一。戒律に精通していた。優波離はインドのカーストでも最下層のシュードラ（奴隷）の出身で、理髪師だった

聖徳太子像、高僧

聖徳太子講讃《こうさん》像（講讃太子像）

35才で勝鬘経《しょうまんぎょう》を説いた時の姿

孝養太子像

16歳の時、父・用明天皇の大病に際し、柄香炉《えこうろ》を持ってお見舞いにいくときの姿

2歳像

2歳の太子が東に向かって合掌し、「南無仏」と唱えたという伝説上の姿を表現している

鑑真和上《がんじんわじょう》

唐の高僧。日本で戒律を伝えるために6回目の渡航でやっと来日。日本に戒律を伝え、唐招提寺《とうしょうだいじ》を創建

弘法大師《こうぼうだいし》（空海《くうかい》）

右手に三鈷杵《さんこしょ》、左手に数珠

権現《ごんげん》

平安時代ごろから、仏さまが人々を救うために仮の姿の日本の神様になって現れることを「権現」というようになる（本地垂迹説《ほんちすいじゃくせつ》）。その仮の姿で現れた神様のことも「権現」と呼ぶ。元の仏さまのことは「本地仏《ほんちぶつ》」と呼ぶ。

蔵王《ざおう》権現

日本独自の山岳信仰と仏教が結びついた、「修験道《しゅげんどう》」の本尊。修験道の祖である役小角《えんのおづぬ》が祈ったところ、釈迦如来、千手観音、弥勒菩薩が現れた。しかし、どの仏もふさわしくないと感じ、もっと力強い仏が良いと願った。それで出現したのが蔵王権現だとされる

僧形八幡神《そうぎょうはちまんしん》

平安時代に盛んであった神仏習合の思想「本地垂迹説」により、八幡神が剃髪し、袈裟を着け、手に錫杖を持って蓮華座に座る僧の姿として表現された

聖徳太子の生涯

聖徳太子の父は用明天皇、母は欽明天皇の皇女・穴穂部間人皇女《あなほべのはしひとのひめみこ》（両親とも蘇我氏の血縁）
穴穂部間人皇女が寝ていたら救世観音菩薩が口から胎内に入り妊娠した
574年2月7日厩戸《うまやど》前で聖徳太子を出産だから、別名を「厩戸王子」
うっ
2歳、東に向かい手を合わせて「南無仏」と唱えた
南無仏
3歳
桃花より青松が好き
花はすぐ散るから
16歳
父の用明天皇が病になる
柄香炉を持ってお見舞いする
父、亡くなる
蘇我馬子と排仏派の物部守屋とが激しく対立
聖徳太子は、蘇我派。四天王像に戦勝祈願する
もしこの戦いに勝たせてくれたらお寺を建てる
蘇我氏が勝利する。のちに四天王寺を建立
法興寺《ほうこうじ》（飛鳥寺《あすかでら》）建立
飛鳥大仏
20歳、叔母が推古天皇になり、補佐する「摂政」になる
太子、助けてね
はい

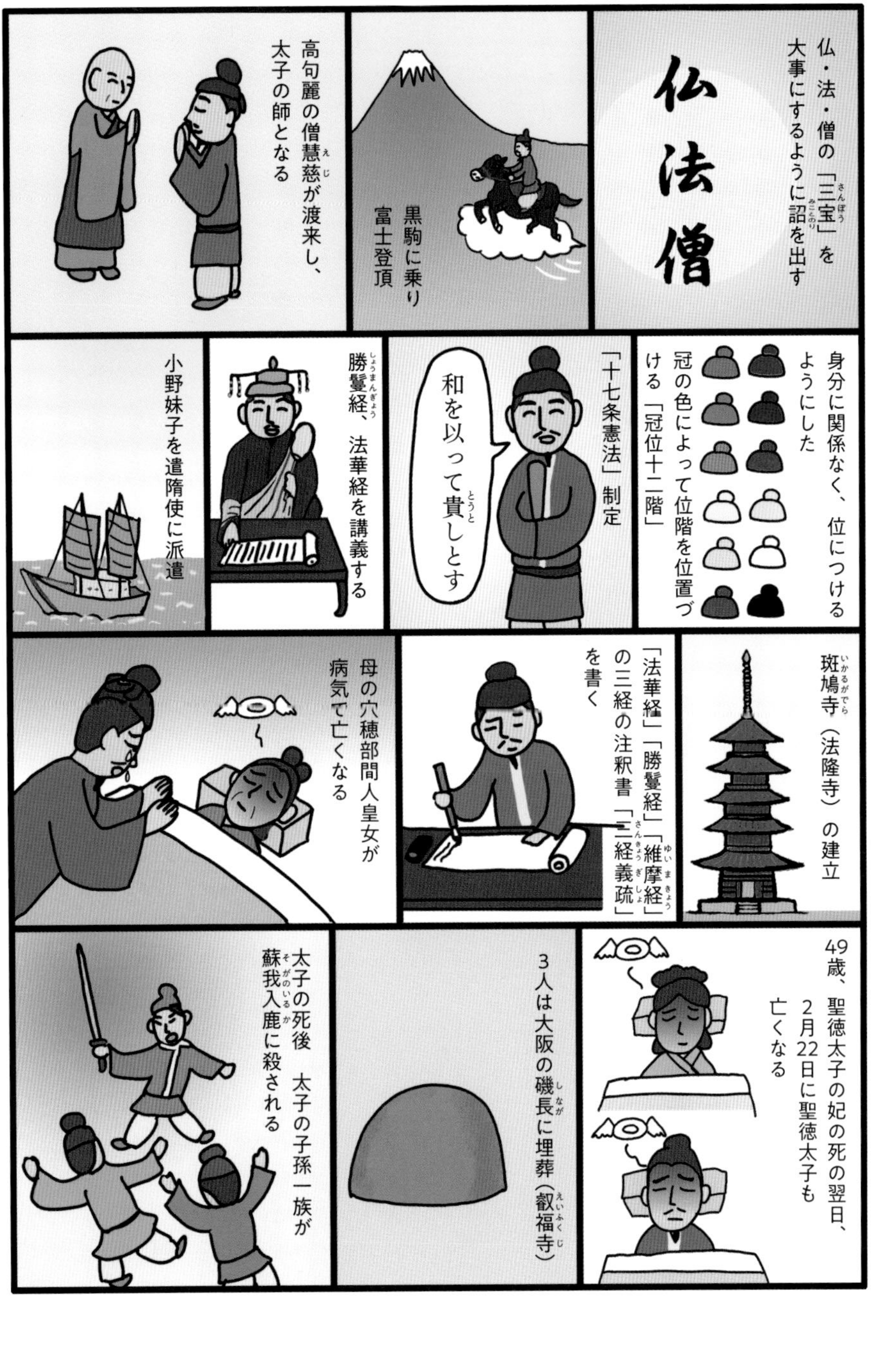

仏・法・僧の「三宝《さんぽう》」を
大事にするように詔《みことのり》を出す
仏法僧
黒駒に乗り
富士登頂
高句麗の僧慧慈《えじ》が渡来し、
太子の師となる
身分に関係なく、位につける
ようにした
冠の色によって位階を位置づ
ける「冠位十二階」
「十七条憲法」制定
和を以って貴《とうと》しとす
勝鬘経《しょうまんぎょう》、法華経を講義する
小野妹子を遣隋使に派遣
斑鳩寺《いかるがでら》（法隆寺）の建立
「法華経」「勝鬘経」「維摩経《ゆいまきょう》」
の三経の注釈書「三経義疏《さんぎょうぎしょ》」
を書く
母の穴穂部間人皇女が
病気で亡くなる
49歳、聖徳太子の妃の死の翌日、
2月22日に聖徳太子も
亡くなる
3人は大阪の磯長《しなが》に埋葬（叡福寺《えいふくじ》）
太子の死後 太子の子孫一族が
蘇我入鹿《そがのいるか》に殺される

印《いん》のいろいろ

印（印相の略）とは、印鑑（ハンコ）のことではなく、本来、釈迦の身振りから生まれたもの。手話のような手の形で、いろいろな意味を持つ。どの仏像がどの印を結ぶかが決まっているので、印を見ることによってその仏像が何の仏であるのかがわかる

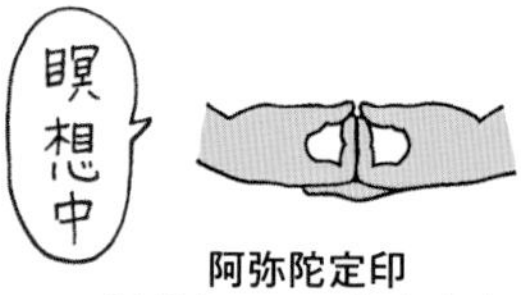

阿弥陀定印

瞑想している姿を表す

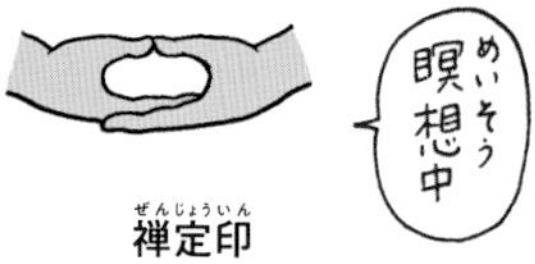

禅定印《ぜんじょういん》

禅でおなじみの印で、瞑想している姿を表す。胎蔵界の大日如来や釈迦如来の印

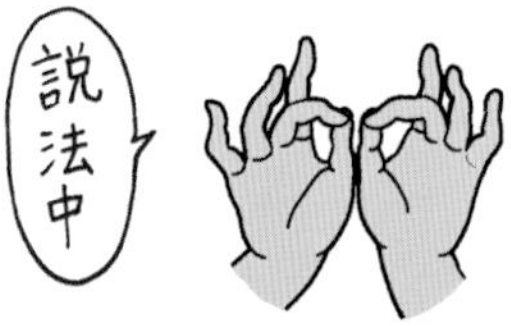

説法印（転法輪印《てんぼうりんいん》）

説法する姿を表す。釈迦の教えが車輪のように早く広がることを表す。釈迦如来や阿弥陀如来の印

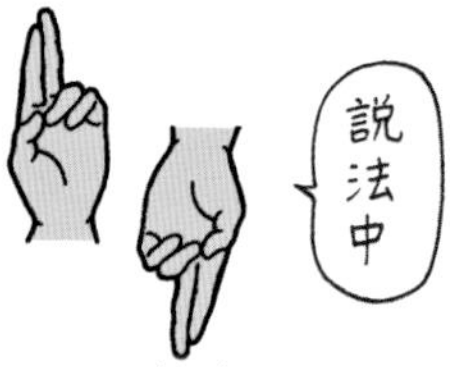

刀印《とういん》

飛鳥時代の仏像に多く、指２本で刀に似た形をつくる

来迎印《らいごういん》

浄土からのお迎えの姿を意味する。阿弥陀如来に多い

智拳印

智慧を象徴している。胸の前で左手の人差し指を立てて、右手でその指を握る。金剛界大日如来の印

降魔印《ごうまいん》（触地印《しょくちいん》）

悟りを開いた後、釈迦が悪魔を追い払ったポーズ。日本の仏像では少ない

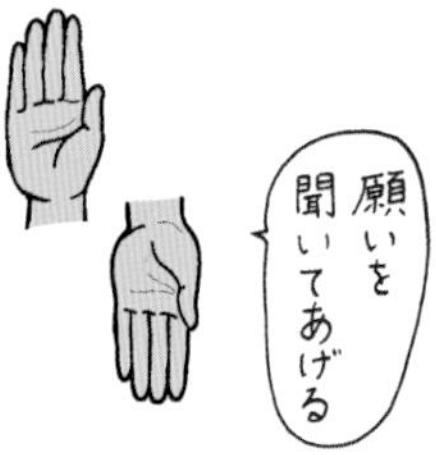

施無畏印《せむいいん》、与願印《よがんいん》

怖れなくていいこと、願いを聞いてあげることを意味する。如来像の示す一般的な印

阿弥陀如来には９種類の印がある。お経の「観無量寿経」に書かれた九品往生《くほんおうじょう》の思想に基づくもの。極楽往生のしかたは、信仰の篤い者から極悪人まで９通りの段階があるとされる。極楽浄土から阿弥陀如来が迎えに来る際、９種類の印を表すという。最上位が「上品上生《じょうぼんじょうしょう》」で、最下位が「下品下生《げぼんげしょう》」

上品下生

上品中生

上品上生

中品下生

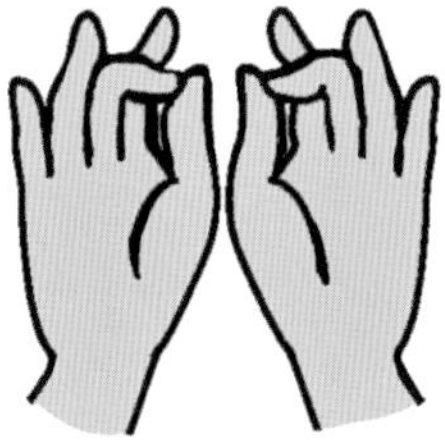
中品中生

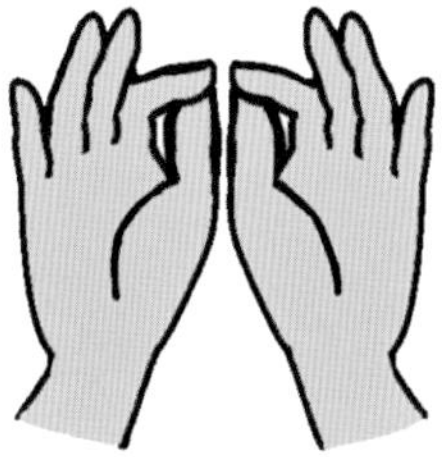
中品上生

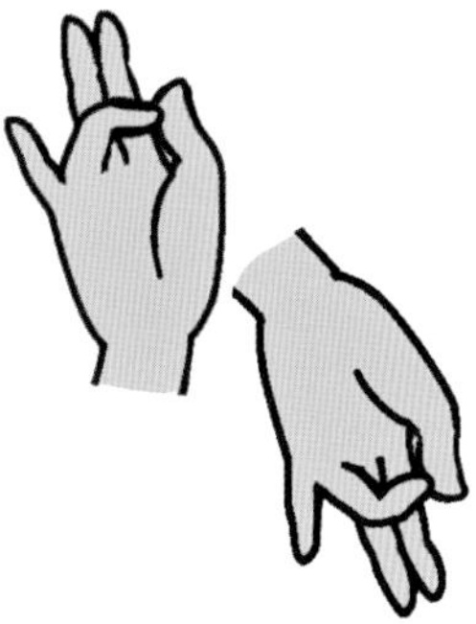
下品下生

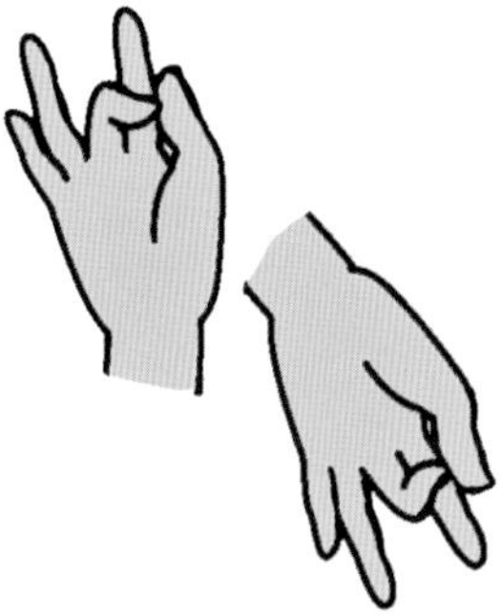
下品中生

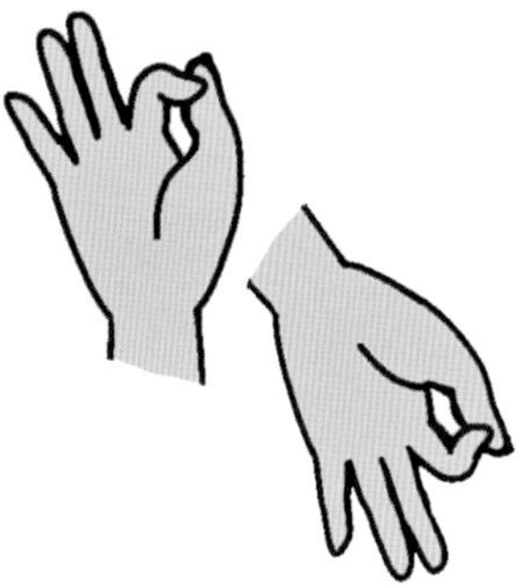
下品上生

持物《じぶつ》

仏像はいろいろな「持物」を持つ。その持物は1つ1つ意味がある。また、どの仏像が何を持っているかはだいたい決まっているので、仏像を見分けるのにも役に立つ

薬壺《やっこ》

万病を癒す薬が入っている壺。薬師如来が持つ

水瓶《すいびょう》

願いを叶えてくれる功徳水が入っている。観音菩薩などが持つ

蓮華《れんげ》

泥の中から美しい花を咲かせることから煩悩に汚されない清らかさを示す。観音菩薩などが持つ

宝珠《ほうしゅ》

あらゆる願いを叶える珠。地蔵菩薩などが持つ

法輪《ほうりん》

煩悩を打ち砕き、仏の教えの広がりを表現。如意輪観音菩薩などが持つ

羂索《けんさく》

人々を救い上げたり、煩悩を縛り上げる投げ縄。不動明王などが持つ

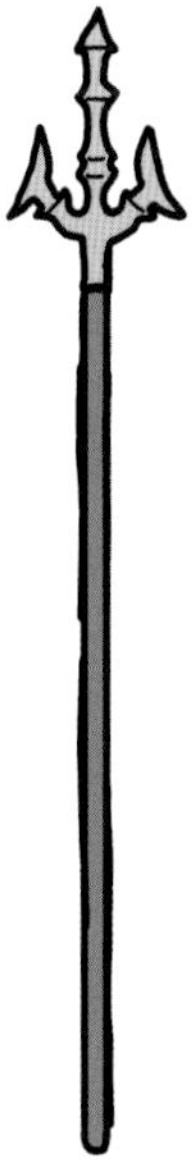

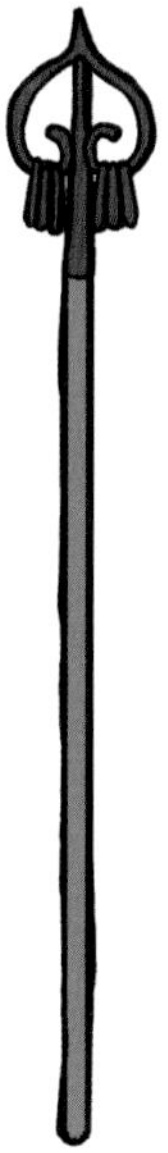

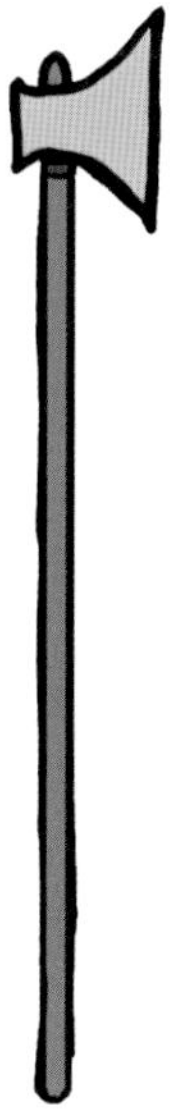

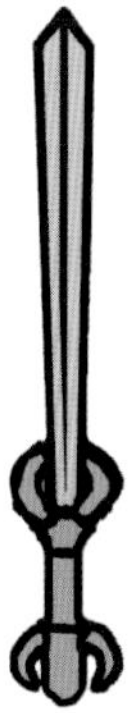

宝剣《ほうけん》

迷いや煩悩を断ち切る。不動明王などが持つ

弓矢《ゆみや》

仏の教えを害するものを排除する。愛染明王などが持つ

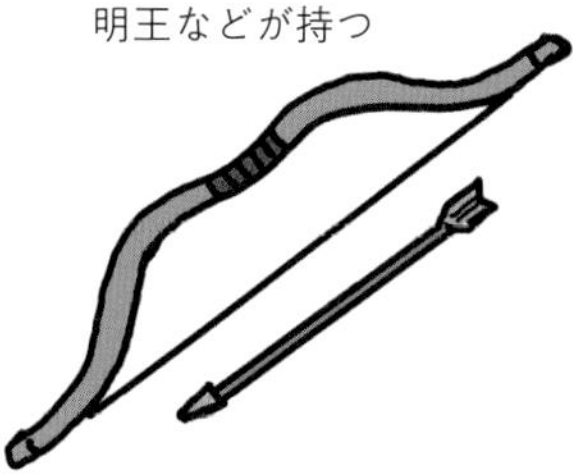

宝戟《ほうげき》

先端が3つに分かれた武器。仏の教えを害するものを排除する武器。増長天などが持つ

錫杖《しゃくじょう》

先端に輪が複数付き、地面を突くと音が鳴る杖。地蔵菩薩などが持つ

斧《おの》

魔性を断ち切る。准胝観音などが持つ

数珠《じゅず》

108の煩悩を消滅させる。如意輪観音などが持つ

宝塔《ほうとう》

釈迦の遺骨を納めた塔。毘沙門天などが持つ

羯磨《かつま》

金剛杵を十字に組み合わせたもの

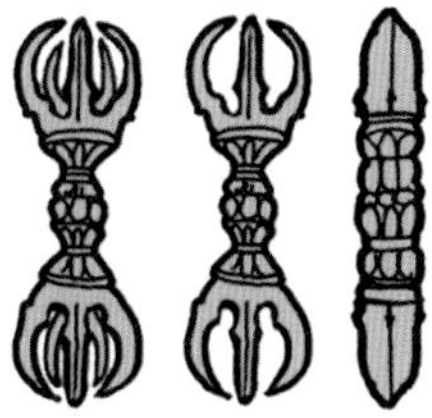

五鈷杵《ごこしょ》

三鈷杵《さんこしょ》

独鈷杵《どっこしょ》

金剛杵《こんごうしょ》

古代インドの武器で、密教においては法具

光背《こうはい》

光背とは、仏像の背後にある装飾で、仏の特徴の1つである、身体の輝きを表している。まさに後光が差すということを、造形的に表したもの。初めは頭の後ろの円だけっだったが、だんだん大きくなり、デザインも増えた。頭の部分から発する光を「頭光《ずこう》」、身体からの光を「身光《しんこう》」という。頭光と身光をあわせて「挙身光《きょしんこう》」という。

円光背

後光を円で表したもの。古い時代の仏像に多い

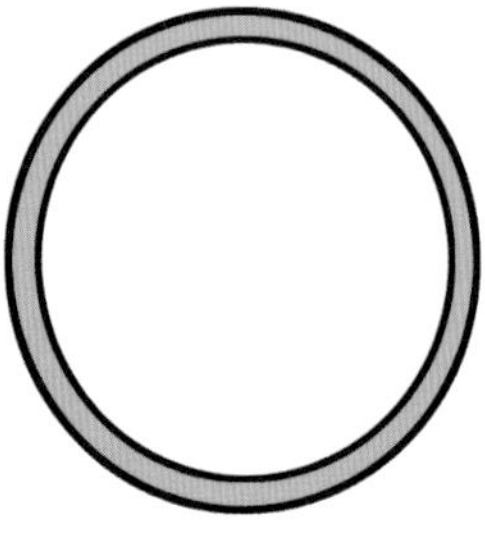

輪光背《りんこうはい》

後光を円形の輪で表す

飛天光背《ひてんこうはい》

二重円光に飛び交う天女を表している

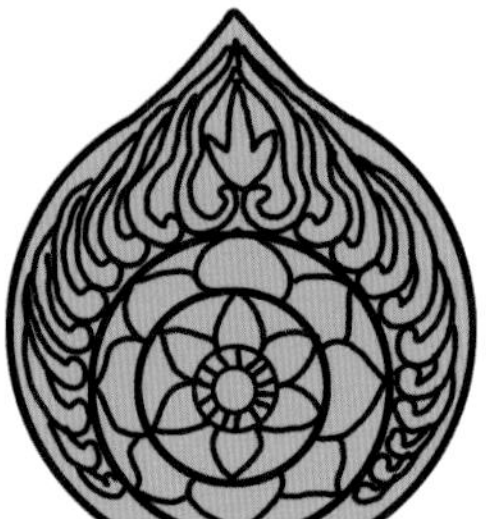

宝珠光背

上端が尖った宝珠を表す。飛鳥時代に流行した。菩薩像で多く見られる

火焔光背

燃え盛る炎の形の光背。不動明王像など明王に多く見られる

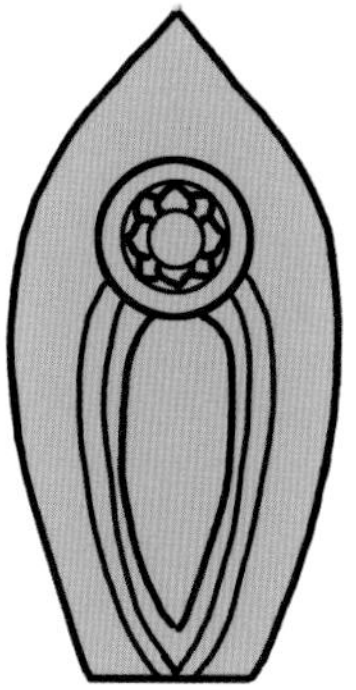

舟形光背

舟の形に見えるが、蓮華の花びらを象ったもの。立像に多い

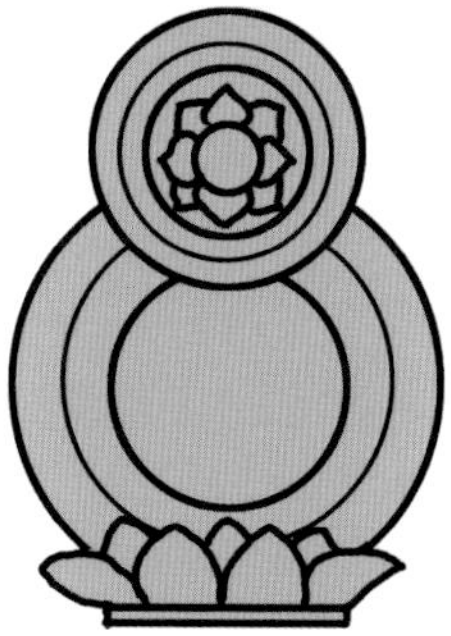

二重円光背

円光を２個重ねたもの。頭光と身光を重ねている。大日如来に多い

放射光背

放射状の光を表している。阿弥陀如来や地蔵菩薩に多い

二重火焔光背

二重円光の周りに、火焔を表している。大日如来に多い

台座

台座とは、仏像が乗っている台のこと。仏像がどこにいるかを表している

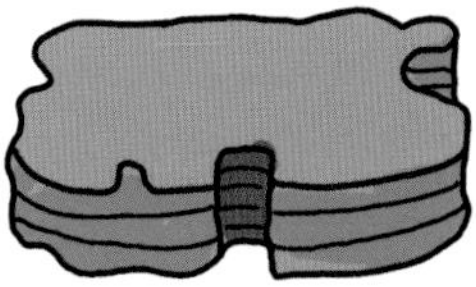

州《す》浜《はま》座《ざ》

州浜（浜辺と入江の様子）を象る。十大弟子や八部衆などに見られる

雲座

雲を表した形。主に、仏が極楽浄土から雲に乗って迎えに来るようすを表す。阿弥陀如来に見られる

蓮華座

蓮華の花を象ったもの。もっともポピュラーな形。如来や菩薩の台座としてよく使われる

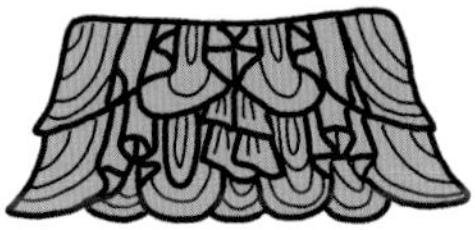

裳《も》懸《かけ》座《ざ》

坐像の衣の裾が台座にかかり、垂れ下がっている形

瑟《しつ》瑟《しつ》座《ざ》

角型の材を重ね、盤石を象っている。不動明王に多く用いられる

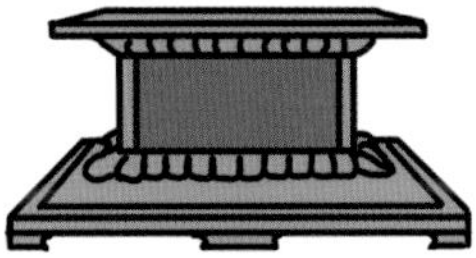

須《しゅ》弥《み》座《ざ》

仏教世界の中心にそびえる山、須弥山を象ったもの。如来に多く用いられる。奈良時代以前の仏像に見られる

鳥《ちょう》獣《じゅう》座《ざ》

鳥や動物を象ったもの。普賢菩薩の象、文殊菩薩の獅子など。像によって、何の動物かがだいたい決まっている

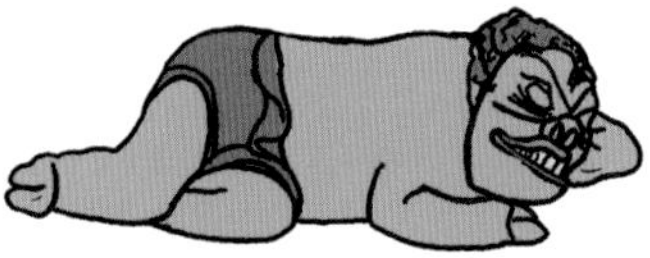

邪《じゃ》鬼《き》

別名「あまのじゃく」。踏まれることに喜びを感じている

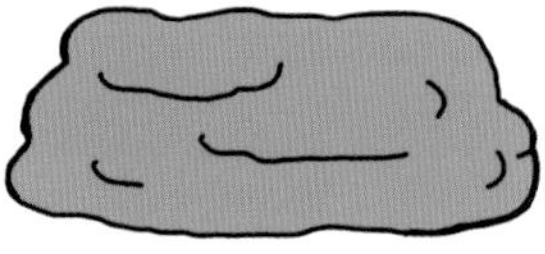

岩座

岩を象ったもの。天や明王に多く用いられる。四天王像はだいたい、岩座の上で邪鬼を踏んでいる

ポーズ

仏像には、立っている「立像《りゅうぞう》」、座っている「座像」、横になる「臥像」がある。臥像は、釈迦が亡くなった様子を表した「涅槃像」が代表的

立像

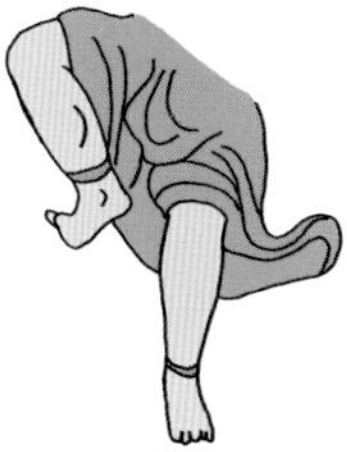

丁字像《ちょうじ》

片足を高く上げて、もう一方の足で立つ姿。金剛童子や蔵王権現などに多いポーズ

遊足像《ゆうそく》

体重をかけていない方の足を軽く前に出した姿

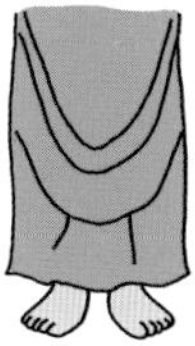

正立像

両足を揃えてまっすぐに立った姿。もっとも一般的

座像

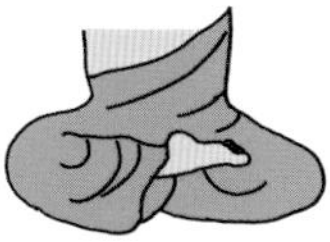

半跏趺坐《はんかふさ》

片足だけを組む座り方で、いわゆるあぐらのこと

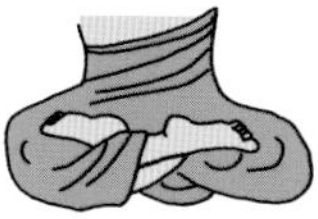

結跏趺坐《けっかふざ》(吉祥座)

右足が上になるように組んで座る姿

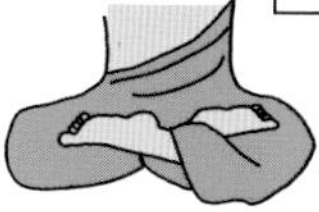

結跏趺坐《けっかふざ》(降魔座《ごうまざ》)

左足が上になるように組んで座る姿。釈迦が悪魔を退散したときの姿を表す

倚坐《いざ》

椅子に座った姿

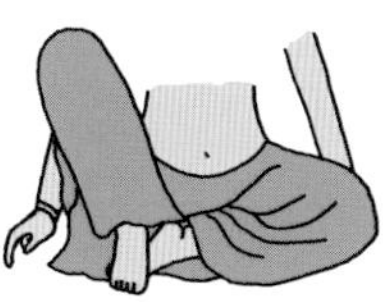

輪王座《りんのうざ》

片膝を立てて、両足裏同士をつけた座り方。如意輪観音に見られる

跪坐《きざ》(大和座り)

いわゆる正座のこと

臥像

涅槃像《ねはんぞう》

お釈迦さまが亡くなっている姿

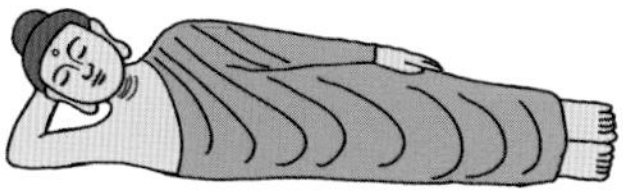

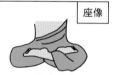

仏像の素材と作り方

仏像の素材は、金、銀、銅、鉄などの金属をはじめ、石、土、木、漆、象牙などの多種多様な材料が用いられた。すべての仏像に共通しているわけではないが、各時代によって使われる素材が異なるので、素材からつくられた時代を知ることができる

乾漆像《かんしつぞう》

乾漆像でも「脱活乾漆像《だっかつかんしつぞう》」と「木心乾漆像《もくしんかんしつぞう》」がある。脱活乾漆像は、まず木を芯にして土で原型をつくり、その上に漆に浸した麻布を貼り重ねていく。そして漆の乾燥後、背面などに窓を開けて土を掻きだし、改めて中に心木を組み入れる。表面は漆の木屑、糊を混ぜた木屎漆《こくそうるし》を盛り付けて細部をつくり、最後に金箔や彩色で仕上げる。中身が空洞なので軽い

木心乾漆像は、おおまかな木彫像の原型を作り、その原型に漆と木屎漆を盛り上げて細部を整えて像を完成させる。奈良時代に多くつくられた

塑像《そぞう》

粘土（塑土《そど》）でつくった像。芯にする木に縄を巻いて、粗い土を盛り、次に細かい土を盛ってつくる

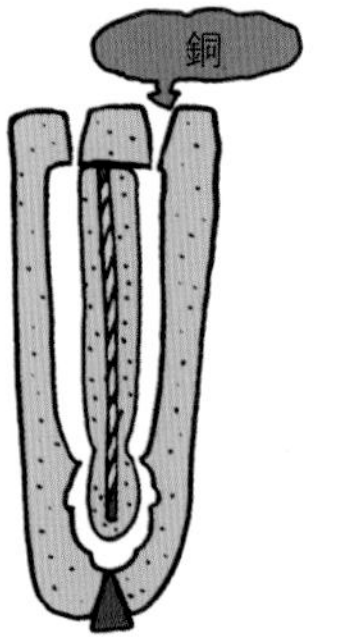

金銅仏

土で原型をつくり、蝋を塗って細部を彫刻する。そのまわりを土の外型で覆って焼くと蝋《ろう》が溶けて空洞ができるので、そこに溶かした銅を流し込む。型のなかで銅が固まったら外型を外すと銅の仏像ができあがる。その銅仏像に金鍍金を施すと、金銅仏になる

さまざまな素材でつくられていた仏像だが、日本では、木彫が一番多い。重要文化財に指定されている仏像の大半も木彫だ。日本は森林が多く木材が豊富で、木に神が宿ると神聖視されていたためと思われるが、用いられた木の種類は、時代や地域によっても異なる

石像

石で造った像。日本ではあまり見られない

寄木造《よせぎづく》り

数点の木材を組み合わせてつくる。平安時代後期から見られるようになる

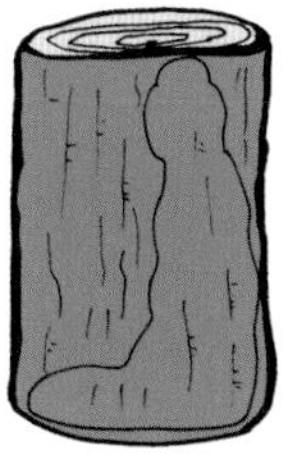

一木造《いちぼくづく》り

1本の木材からつくる。平安時代まで多く使われた技法

塼仏《せんぶつ》

鯛焼きの型のような凹型に粘土を詰め、原型像の形を写す。それを自然乾燥させて焼成したのちに下地を施し、金箔を貼ったり彩色《さいしき》する

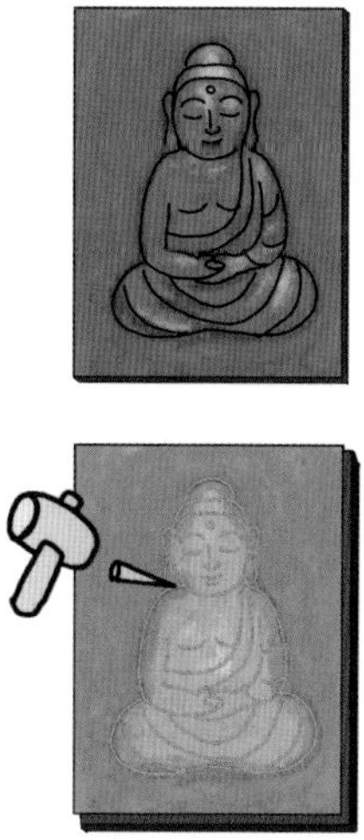

押出仏《おしだしぶつ》(鎚鍱《ついちょう》像)

レリーフ状の凸型の上に薄い銅板を当て、その上から鎚で叩き、型を写す。飛鳥時代～奈良時代に多くつくられた

時代による変遷

仏像には時代によってさまざまな特徴がある。飛鳥時代の仏像の多くは、鞍《くら》作《つくりの》止利《とり》（止利《とり》仏師《ぶっし》）による止利式のアーモンド（杏仁）形の目、微笑（アルカイックスマイル）が特徴。坐像の裳裾が台座にかかり、垂れ下がっている形の裳懸座《もかけざ》も多い

奈良（天平）（710～794年）	白鳳（675-710年）	飛鳥（593～710年）	
 塑像 粘土  乾漆像 脱活乾漆像 漆と麻  木心乾漆像 漆と麻			顔
			目
			口
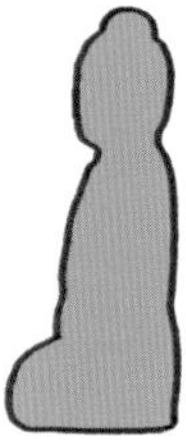	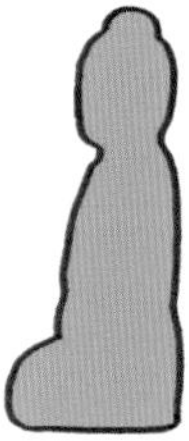		シルエット
乾漆像、塑像	童顔 宝冠に３つの飾り（三面宝冠）	鞍作止利（止利仏師）が活躍 左右対称 金銅仏 面長 杏仁形の目 アルカイックスマイル 裳懸座が多い 横から見ると薄い	素材・特徴

飛鳥時代後期で大化改新後の白鳳時代は、童顔が特徴的。冠に3つ飾りがついている三面宝冠の仏像も多い。また、奈良時代は、塑像と乾漆像が多く、平安時代前期は体形がふっくらしている仏像が多い。平安時代後期は定朝様《じょうちょうよう》が流行。鎌倉時代は、運慶など慶派の仏師が活躍し、躍動的で写実的な仏像が作られた。鎌倉時代は眼に水晶が使われる「玉眼《ぎょくがん》」となっているのが特徴

鎌倉（1192～1333年）	平安後期（996～1191年）	平安前期（794～995年）
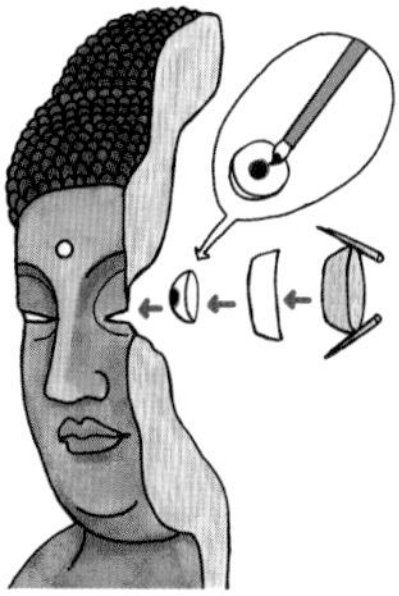 玉眼	藤原時代  定朝様《じょうちょうよう》	弘仁《こうにん》・貞観《じょうがん》時代 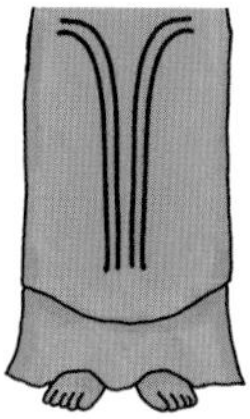 Y字形衣文  怖い目 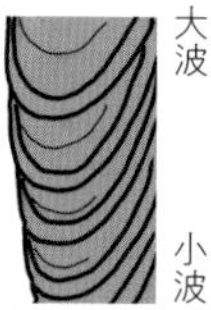 翻波式《ほんぱしき》衣文  茶杓文 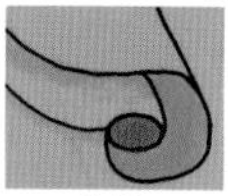 渦文《かもん》
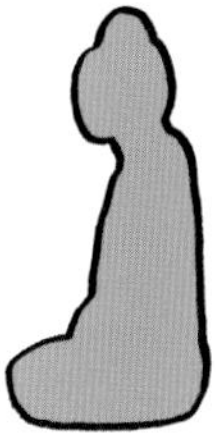	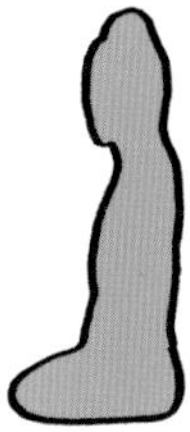	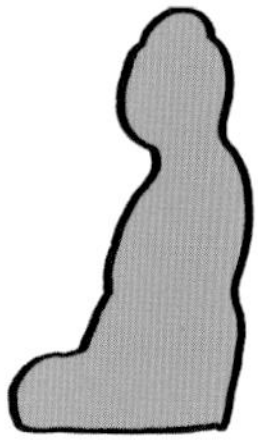
運慶など慶派が活躍 リアルな動き 水晶の玉眼 中国（宋）の影響	寄木造 平面的な丸顔 定朝様が多い 優美で柔和な表現 衣の彫りが浅い	一木造 ふっくらしている 衣の前がY形 衣の彫りが深い 衣文に渦巻文 翻波式衣文 切れ長な目 怖い顔が多い 密教の明王像が多くつくられる 茶杓のような茶杓文

ヘアースタイル

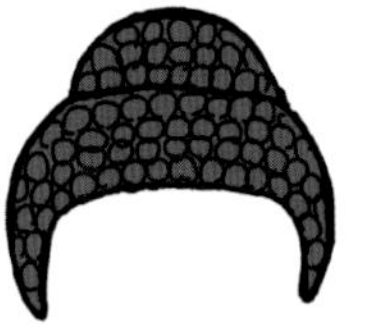

螺髪《らほつ》

如来の髪型で、小さな右巻きの渦巻が巻貝のように並んでいる

焔髪《えんはつ》

明王像や神将像の髪型で、怒りで髪が逆立った忿怒《ふんぬ》の相

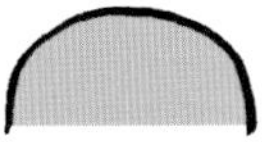

剃髪《ていはつ》

僧形像や祖師像、羅漢のツルツル丸刈り頭

上から見た図

莎髻《しゃけい》
小さい髻を結っている

巻髪《けんぱつ》
くるくると巻かれた髪型

総髪
ストレートヘアを束ねた髪型

上から見た図

頂蓮《ちょうれん》

頭上に蓮華

弁髪《べんぱつ》

左側に髪を束ねて耳の前に垂らしている

垂髻《すいけい》

単髻《たんけい》

双髻《そうけい》

五髻《ごけい》

宝髻《ほうけい》

髪を結ったもの

衣の着方

如来の着方

通肩《つうけん》
僧侶が袈裟両肩を覆って着ること。
説法の時、威儀を整える時の着装法

偏袒右肩《へんたんうけん》
僧が相手に恭敬の意を表す袈裟の着方。右肩を肩脱ぎにし、左肩のみを覆うこと。右手が利き手であることから、攻撃のないことを示す礼法

菩薩の着方

菩薩は裳《も》という腰布を巻き、石《せき》帯《たい》という紐で結ぶ

上に引き上げ、襞《ひだ》をつくって折り返し、上半身に条帛《じょうはく》という細長い布を巻く

最後にショールのような天衣をかける

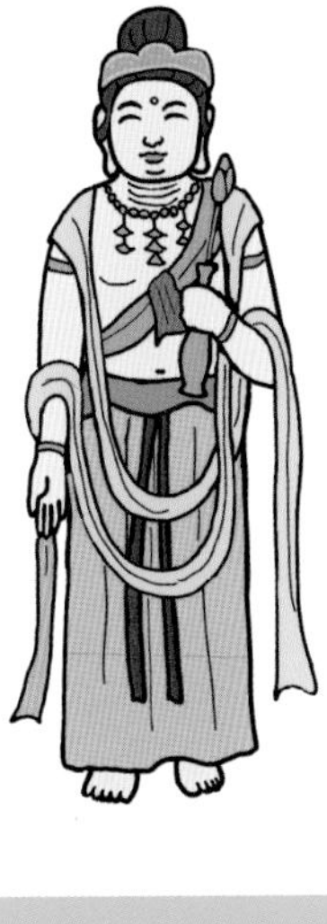

代表的な宗派と仏師

日本には数多くの宗派があります。
その中で主だった13宗派の開祖や本山をご紹介し、
有名なお坊さんについて漫画で解説します。
また、仏像を彫刻する「仏師《ぶっし》」もいろいろです。
その仏師の作った仏像の特徴もご紹介しましょう。

日本の13宗派の一覧

系統	宗派名	開祖・別名	生没年	本尊 中興の祖 お寺によって 異なる場合も	本山
奈良仏教系	法相宗《ほっそうしゅう》	道昭《どうしょう》	629-700	唯識曼荼羅 貞慶《じょうけい》（解脱上人）	興福寺、薬師寺
	律　宗	鑑真《がんじん》	688-763	盧舎那仏 覚盛《かくじょう》	唐招提寺
	華厳宗	良弁《ろうべん》	689-774	盧舎那仏 明恵《みょうえ》	東大寺
天台宗系 密教＆法華系	天台宗	最澄《さいちょう》 （伝教《でんぎょう》大師）	767-822	釈迦如来 良源（慈恵《じえ》大師）	比叡山延暦寺
真言宗系 密教系	真言宗	空海《くうかい》 （弘法大師）	774-835	大日如来 覚鑁《かくばん》	高野山金剛峯寺
法華系	日蓮宗	日蓮《にちれん》 （立正《りっしょう》大師）	1222-1282	釈迦如来 日重《にちじゅう》、日乾《にっけん》、日遠《にちおん》	久遠寺

お釈迦さまの教えである仏教は、日本に伝わったあと、さまざまな解釈が生まれ、それぞれの考え方によって複数の宗派に分かれた。ここでは、そのなかでも主だった13宗派について紹介する。ちなみに13宗派はさらに細かく枝分かれしており、56宗派が存在している

浄土系				禅系		
浄土宗	浄土真宗	融通念仏宗	時宗《じしゅう》	臨済宗	曹洞宗	黄檗宗《おうばくしゅう》
法然《ほうねん》（円光大師） 1133–1212	親鸞《しんらん》（見真《けんしん》大師） 1173–1262	良忍《りょうにん》（聖應《しょうおう》大師） 1072–1132	一遍《いっぺん》（証誠《しょうじょう》大師） 1239–1289	栄西（千光法師） 1141–1215	道元（承陽《しょうよう》大師） 1200–1253	隠元（真空大師） 1592–1673
阿弥陀如来 聖冏《しょうげい》	阿弥陀如来 蓮如《れんにょ》	十一尊天得如来 法明良尊《ほうみょうりょうそん》	阿弥陀如来 真教	釈迦如来 白隠慧鶴《はくいんえかく》	釈迦如来 瑩山紹瑾《けいざんじょうきん》	釈迦如来 高泉性敦《こうせんしょうとん》
知恩院	西本願寺、東本願寺ほか	大念仏寺	清浄光寺（遊行寺）	妙心寺、建長寺、ほか	永平寺、総持寺	萬福寺

有名なお坊さん① 行基《ぎょうき》の生涯

６６８年、現在の大阪府堺市西区家原寺町《えばらじちょう》で生まれる
（のちの家原寺）
15歳で出家
法相宗の道昭の教えを受ける
橋・堤防・用水池・道の整備などの社会事業を行う
仏教を学ぶための道場や寺院も建設し
多くの人に慕われる
寺の外で活動していたので、朝廷に弾圧される。
７４３年、聖武天皇に大仏像造営の勧進《かんじん》（責任者）を頼まれる
行基、力を貸してくれ
大仏建立のためにがんばる
７４９年、大仏完成前に喜光寺《きこうじ》（菅原寺）で81歳で入滅
竹林寺に遺骨が納められる
７５２年に奈良の大仏完成
朝廷より菩薩の諡号《しごう》を授けられ「行基菩薩」となる

有名なお坊さん② 鑑真《がんじん》の生涯

有名なお坊さん③ 空海の生涯

奈良時代末の宝亀5（774）年6月15日香川県善通寺市で生まれる
真魚《まお》
（空海の幼少名）
7歳の時、近くの捨身《しゃしん》ガ嶽《だけ》から飛び降りた
私に人々を救う力があるならば、命を永らえさせてください
天女が現われ、受け止めた
15歳の時、都に出て、叔父さんに師事し文章などを学び18歳で大学に入った
しかし大学を去って、大峰山や四国などで修行をする
19歳、高知の室戸岬で修行中に口の中に明星が入る その時に目にしたのが空と海
20歳、大阪府の槙尾山寺で勤操大徳《ごんそうだいとく》を師として剃髪・得度
22歳の時、名を「空海」とあらためた
24歳、日本で初の儒教・道教・仏教の比較思想論「聾瞽《ろうこ》指帰《しいき》」を著す
31歳の延暦23（804）年東大寺戒壇院で具足戒を受ける
留学僧として最澄らの遣唐使の一行と共に船で唐に渡る

恵果《けいか》和尚から、真言密教の教法を受けつぎ、密教の第八祖となる
「遍照金剛《へんじょうこんごう》」の法号を授けられる
中国から帰るときに三鈷杵《さんこしょ》を投げた
密教を広げる場所を知らせよ
その三鈷杵がとどいたのが高野山
33歳、九州に到着。持ち帰った密教経典・法具などを記した「御請来目録《ごしょうらいもくろく》」を朝廷に提出
九州の観世音寺に住む
36歳、京都の高雄山寺へ
38歳、乙訓寺《おとくにでら》の別当を務めた
43歳、高野山を嵯峨天皇から賜る
47歳、満濃池を修復
50歳、東寺を賜る
54歳、東寺の横に学習施設綜芸種智院《しゅげいしゅちいん》を創立
62歳、1月8日より宮中で世の中が平和になるようにと後《ご》七日御修法《しちにちみしほ》を修す
62歳で、高野山で入定《にゅうじょう》
弘法大師御廟
今も高野山の奥の院で生きておられるとされる
入定後86年が経った時、後醍醐天皇から「弘法大師」の名を贈られる
弘法大師

有名な仏師

鞍作《くらつくりの》止《ど》利《り》（止《ど》利《り》仏《ぶっ》師《し》）

「日本書紀」によると渡来人の司馬達等の孫、法隆寺金堂の金銅「釈迦三尊像」の作者として、光背に銘文がある。釈迦如来坐像（飛鳥大仏）も彼の作とされる。中国・北魏の仏像の形式や様式を基礎とした作風で、細長い顔、杏仁（アーモンド）形の目、アルカイックスマイル（微笑）下裳の着方、横から見た時の像全体の薄さなどに特色がある。このような様式の仏像を「止利様」と称する

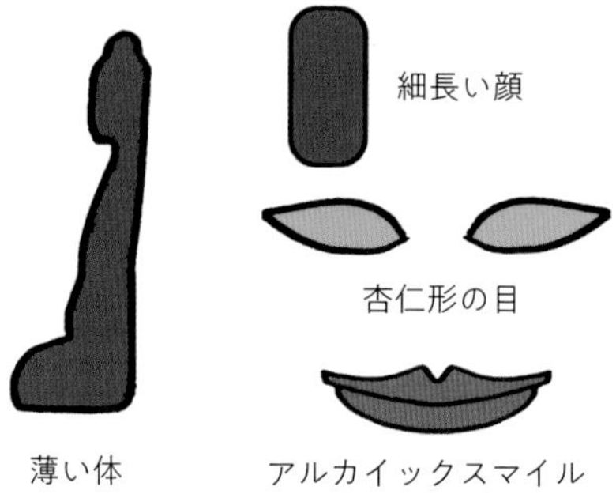

（飛鳥寺　釈迦如来像）

定朝《じょうちょう》

平安時代後期に活躍。仏師康尚の子（または弟子）。仏師として初めて僧綱位の「法《ほう》橋《きょう》」になった。現存するのは平等院鳳凰堂の木造阿弥陀如来坐像（国宝）が唯一とされる。浅く平行して流れる衣文、瞑想的でありながら微笑むような温和な表情などが特徴的。日本的な和様彫刻や寄木造の技法を完成させた。定朝風の仏像を「定朝様《じょうちょうよう》」という。釈迦の死後、「正法《しょうぼう》」「像法《ぞうぼう》」を経た後の１万年間を「末法《まっぽう》」といい仏法が衰え、修行して悟る者のいない時代。日本では 1052 年から「末法」の世に突入すると解釈された。末法を怖れた当時の貴族たちのなかで、来世において極楽浄土へ往生することを願う「浄土信仰」が盛んになる。こうした定朝の仏像は平安貴族の浄土信仰に合致し、「仏の本様」とされた

（平等院鳳凰堂　阿弥陀如来坐像）

運慶

平安時代末期、鎌倉時代初期に活動した、奈良を拠点とする仏師集団「慶派」を率いた康慶の長男。興福寺や東大寺など平氏の南都焼き打ち後の仏像再興で活躍した。写実的で力強い作風が東国の武士たちに好まれた。法印の位まで昇る。作品に「運慶」の署名を残しており、現存の運慶仏は31体とする説が有力。運慶の最古の作品は、奈良・円成寺の大日如来像。息子たちも仏師である

（円成寺
大口如来）

快慶《かいけい》

運慶の父・康慶の弟子。運慶とは兄弟弟子の関係。絵画的で繊細な作風は「安阿弥《あんなみ》様《よう》」と呼ばれる。快慶は東大寺大仏再興の大勧進（総責任者）であった重源《ちょうげん》と関係が深かった。熱心な阿弥陀信仰者であった。3尺（約90センチメートル）前後の阿弥陀如来像の作例が多いが、兵庫県浄土寺の大きな阿弥陀三尊像も作った。作品に「仏師快慶」「巧匠アン阿弥陀仏」（「アン」は梵字）」「法橋快慶」「法眼快慶」などの署名がある

（東大寺俊乗堂
阿弥陀如来）

円空《えんくう》

江戸時代前期の遊行僧。岐阜出身。各地を移動しながら生涯に約12万体の仏像を彫ったとされる。鉈《なた》で彫ったような荒削りな作風で、「円《えん》空仏《くうぶつ》」といわれる

（高山千光寺
両面宿儺像）

木喰《もくじき》

江戸後期、火の入った食物をとらず、木の実や果実のみを食することを「木喰」といい、この木喰の修行をしていた江戸後期の遊行僧。山梨県生まれ。円満な丸い顔の像が多く、俗に「微笑仏《みしょうぶつ》」と呼ばれている

（小栗観音堂
聖観音像）

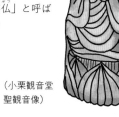

平安時代から鎌倉時代の三派大仏師

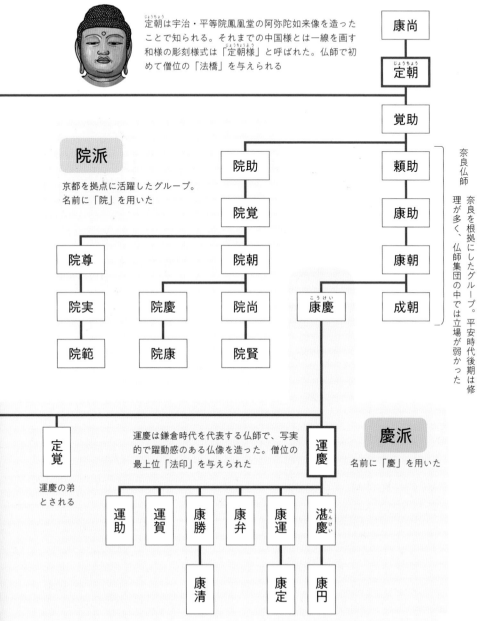

定朝《じょうちょう》は宇治・平等院鳳凰堂の阿弥陀如来像を造ったことで知られる。それまでの中国様とは一線を画す和様の彫刻様式は「定朝様《じょうちょうよう》」と呼ばれた。仏師で初めて僧位の「法橋」を与えられる

康尚

定朝《じょうちょう》

覚助

院派

京都を拠点に活躍したグループ。名前に「院」を用いた

院助

院覚

院尊

院実

院範

院朝

院慶

院康

院尚

院賢

奈良仏師

奈良を根拠にしたグループ。平安時代後期は修理が多く、仏師集団の中では立場が弱かった

頼助

康助

康朝

成朝

康慶《こうけい》

慶派

名前に「慶」を用いた

運慶

運慶は鎌倉時代を代表する仏師で、写実的で躍動感のある仏像を造った。僧位の最上位「法印」を与えられた

定覚

運慶の弟とされる

運助

運賀

康勝

康清

康弁

康運

康定

湛慶《たんけい》

康円

僧綱の位階		
	法印	No.1
	法眼	No.2
	法橋	No.3

仏師《ぶっし》とは、仏像をつくる職人のこと。定朝という仏師から、３つの派に分かれた。平安時代後期は院派、円派が貴族階級（平氏）と結びつき、貴族が好む彫りの浅い温和な仏像をつくって活躍する。奈良仏師は、飛鳥時代や奈良時代につくられた仏像の修理を奈良で行なっていた。鎌倉時代に入って武士の時代になったあとは、武士好みの躍動的でリアルな仏像が好まれるようになり、運慶や快慶を輩出した慶派が活躍した

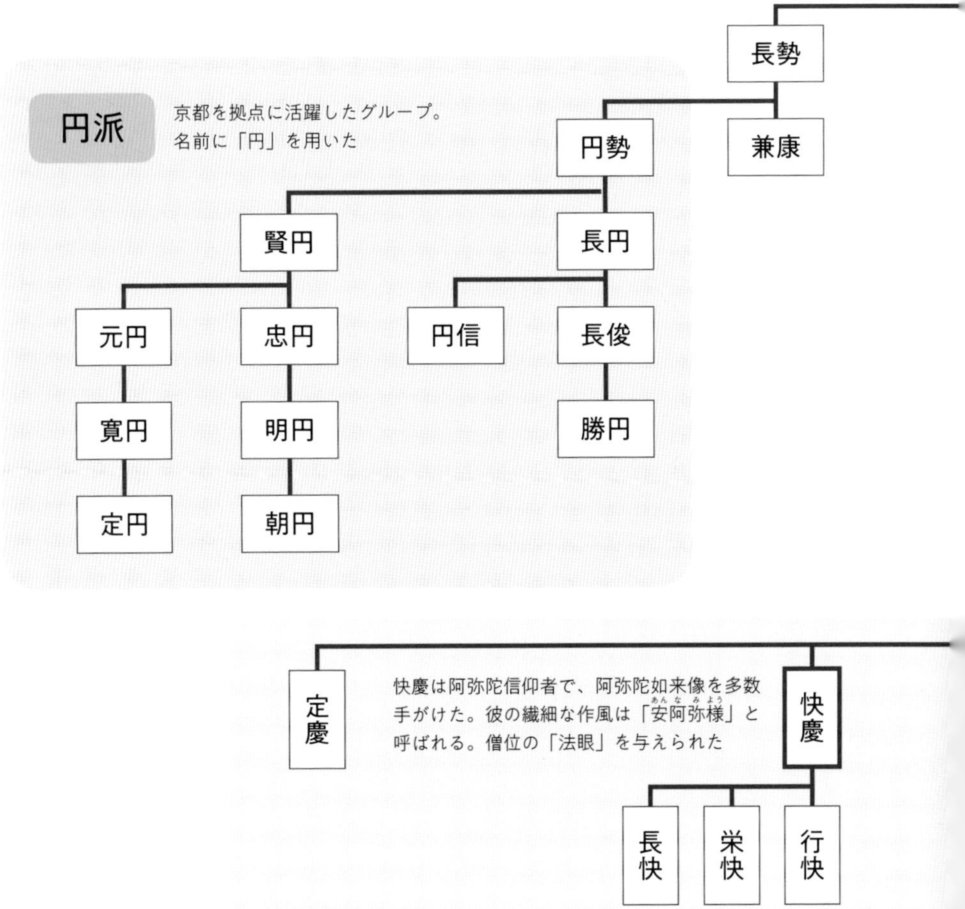

札《ふだ》所《しょ》をめぐろう

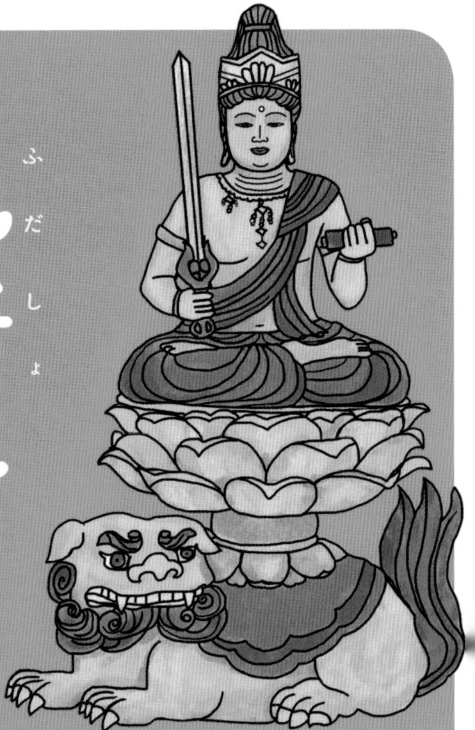

日本には「札所めぐり」の文化があります。
参詣のしるしにお札を授けてくれる場所を札所と言い、
複数の札所を巡ること札所めぐりというのです。
札所めぐりによっては数が多いものもあり、
何年もかけて札所をめぐっている参詣者もいます。
この章では、日本の主な札所をご紹介します。

四国八十八箇所

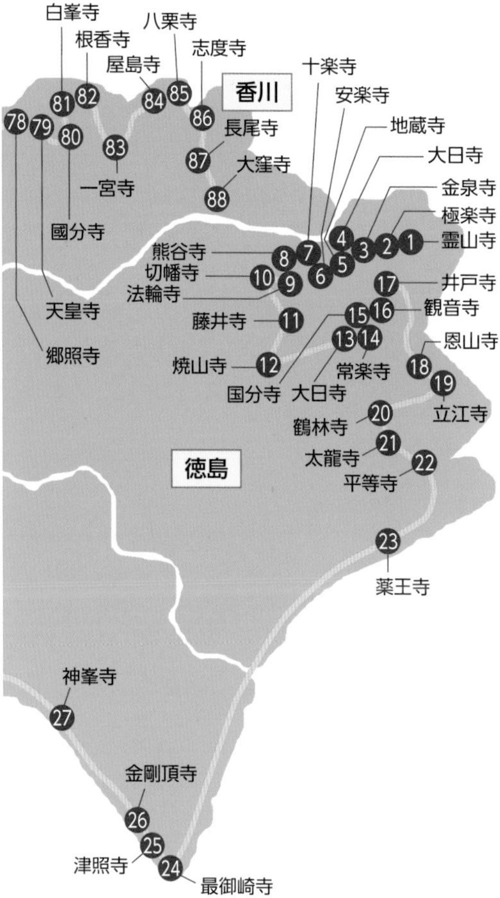

四国八十八箇所とは？

四国八十八箇所は、四国にある弘法大師・空海ゆかりの88か所の仏教寺院の総称。阿波国（現・徳島県）の霊場は「発心《ほっしん》の道場」で23か寺、土佐国（現・高知県）の霊場は「修行の道場」で16か寺、伊予国（現・愛媛県）の霊場は「菩提の道場」で26か寺、讃岐国（現・香川県）の霊場は「涅槃の道場」で23か寺

なぜ八十八箇所？

定説はないが、88と言う数字は人間の持つ煩悩の数で、満願成就すると全ての煩悩が断滅して成仏できるという。「米」の字を分解して88、男42、女33・子供13の厄年を合計した数という説も

「遍路《へんろ》」とは？

四国八十八箇所をめぐり歩くことを「遍路」という

まわりかた

遍路は札所の順番通りまわらなくても、どの寺から始めてもよく、移動手段も様々である。一度の旅で八十八箇所の全て廻ることを「通し打ち」。何回かに分けて巡ることを「区切り打ち」という。逆に廻るのを「逆打ち」という。閏年《うるうどし》に逆打ちを行うと3倍の御利益があるとされる。全部まわった（結願）あと、最後に空海が今もいらっしゃるという高野山の奥ノ院にお参りに行く習わしがある

金倉寺
道隆寺
甲山寺
曼荼羅寺
弥谷寺
本山寺
観音寺
神恵院
大興寺
南光坊
延命寺
泰山寺
国分寺
前神寺
宝寿寺
圓明寺
栄福寺
仙遊寺
雲辺寺
三角寺
出釈迦寺
太山寺
香園寺
吉祥寺
石手寺
繁多寺
善通寺
浄土寺
西林寺
横峰寺
八坂寺
浄瑠璃寺
愛媛
大寶寺
岩屋寺
善楽寺
国分寺
竹林寺
清瀧寺
大日寺
禅師峰寺
雪蹊寺
明石寺
種間寺
佛木寺
龍光寺
青龍寺
高知
岩本寺
延光寺
観自在寺
金剛福寺

お遍路グッズ

1番札所（霊山寺）や、通販で買うことができる

納め札

お寺に納める札。巡礼の回数によって色が違う

名前と住所、年齢、日付を書いておく

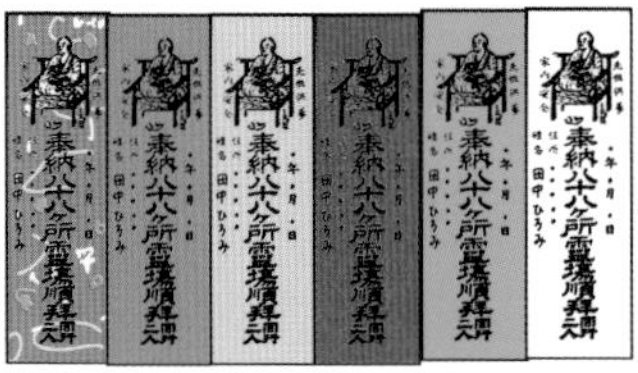

錦＝巡礼100回～　金＝巡礼50回～　銀＝巡礼25回～　赤＝巡礼8回～　緑＝巡礼5回～　白＝巡礼1～4回

納め札の由来

昔、伊予国の豪農・衛門三郎《えもんさぶろう》という人物が、実は空海であった僧侶の托鉢を断り、不幸を招く。そのことを悔いた三郎は、お詫びのために空海を追いかけて四国を巡礼し始めた。これが四国巡礼の始まりだと言われている。また、三郎は巡礼したお堂に自分の名前を書いて札を打ち付け、空海がそのお堂に来たときに、自分が追いかけていることに気づいてもらえるようにしたという。これが納め札の由来となった

菅笠

梵字が前にくるようにかぶる

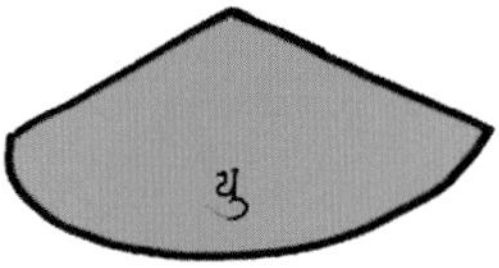

枕カバー

金剛杖《こんごうづえ》（弘法大師の化身。お遍路の途中で倒れた時に、卒塔婆《そとば》の代用にもなる）

空、風、火、水、地を表す梵字が書かれている

頭陀袋《ずだぶくろ》

納経帳《のうきょうちょう》

線香

ろうそく

経本《きょうほん》

数珠（念珠）

輪袈裟《わげさ》

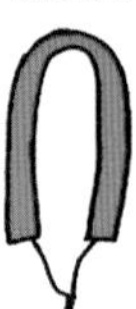

白衣（＝白装束）

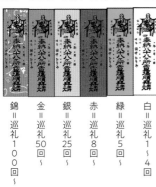

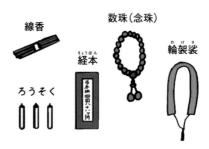

参拝の手順

札所での一般的な参拝の手順は以下の通り。人によって少し作法は異なるが、弘法大師が開いた真言宗の作法を基本としている。境内では、本堂、大師堂、その他のお堂の順に参拝しよう。

1 山門で一礼する

山門の左側から仏さまと弘法大師に一礼。仁王門の場合は、左右の仁王様に一礼して境内に入る

2 手水場で手と口を清める

手水で身を清める。左手、右手の順に清めてから、左手の水で口をすすぐ

3 鐘楼で鐘をつく

参拝後に鐘をつくのは「戻り鐘」といって縁起が悪いので、必ず参拝前につくこと、また、鐘をつくことを禁じているところもある。近所に民家がある場合などは、早朝や夜にはつかないこと

4 輪袈裟と念珠で身支度を整える

輪袈裟を首にかけ、念珠をもつ

5 持参した札を納める

納め札や持参した写経を所定の箱に納める

6 ろうそくと線香、賽銭をあげる

ろうそく1本を上段からあげ、線香3本を中央から立てる。賽銭をあげる

7 読経し、合掌する

ご本尊や弘法大師を念じて合掌する。読経の際は経本を手にして、読経をする

8 墨書と朱印をしてもらう

納経所で所定の納経料を払う。納経掛軸や判衣のある人は一緒に出す。納経時間はほとんどが7時～17時

9 本堂に向かって一礼し、山門を出る

札所や霊場には多くの参拝者が来るので、互いに挨拶を交わすよう努め、マナーを守って参拝すること。読経の際にはほかの参拝者の邪魔にならないように

西国三十三所観音巡礼の始まり

養老2（718）年、大和長谷寺の徳道《とくどう》上人が62歳の時、病で仮死状態になった
ひえ〜
地獄で苦しむ亡者の姿を見た
観音巡礼をすれば地獄に堕ちない
そして閻魔大王《えんまだいおう》から三十三の宝印を受ける
蘇生した徳道上人
ガバッ
観音巡礼の功徳を説いたが普及しなかったので、宝印を中山寺に納めた
あ〜あ
その270年後、永延2（988）年
熊野権現
三十三の観音霊場を再興するように
花山法皇
花山法皇は中山寺で宝印を探し出し、書写山圓教寺《しょしゃざんえんきょうじ》の性空上人《しょうくうしょうにん》の勧めにより、三十三所霊場を巡礼したことから、人々に広まっていった

西国三十三所観音巡礼

日本の最古の巡礼であり、観音巡礼の元祖。近畿２府４県と岐阜県の33箇所の観音信仰の霊場。33とは、『妙《みょう》法《ほう》蓮《れん》華《げ》経《きょう》観《かん》世《ぜ》音《おん》菩《ぼ》薩《さつ》普《ふ》門《もん》品《ぼん》第二十五』（観音経）に説かれる、観世音菩薩が人々を救うときに、33の姿に変化するということに由来し、その功徳に与《あずか》るために33の霊場を巡拝することを意味する。西国三十三所の観音菩薩を巡礼参拝すると、現世で犯したあらゆる罪が消滅し、極楽往生できるとされる。三十三箇所めぐり終えた後は、そのお礼参りに善光寺（長野県）に参拝。または、高野山金剛峯寺の奥ノ院、比叡山延暦寺の根本中堂、東大寺の二月堂、大阪の四天王寺に参拝する

坂東三十三箇所

神奈川県・埼玉県・東京都・群馬県・栃木県・茨城県・千葉県にある33箇所の観音霊場のこと。源頼朝によって発願され、源実朝が西国三十三所観音巡礼をモデルにして札所を決めたと伝えられている。第一番札所の杉本寺から第三十三番札所である那古寺までを巡拝する全ての札所を巡拝（結願）した後に、善光寺および北向観音《きたむきかんのん》（いずれも長野県）に「お礼参り」をすることが習わしとされている

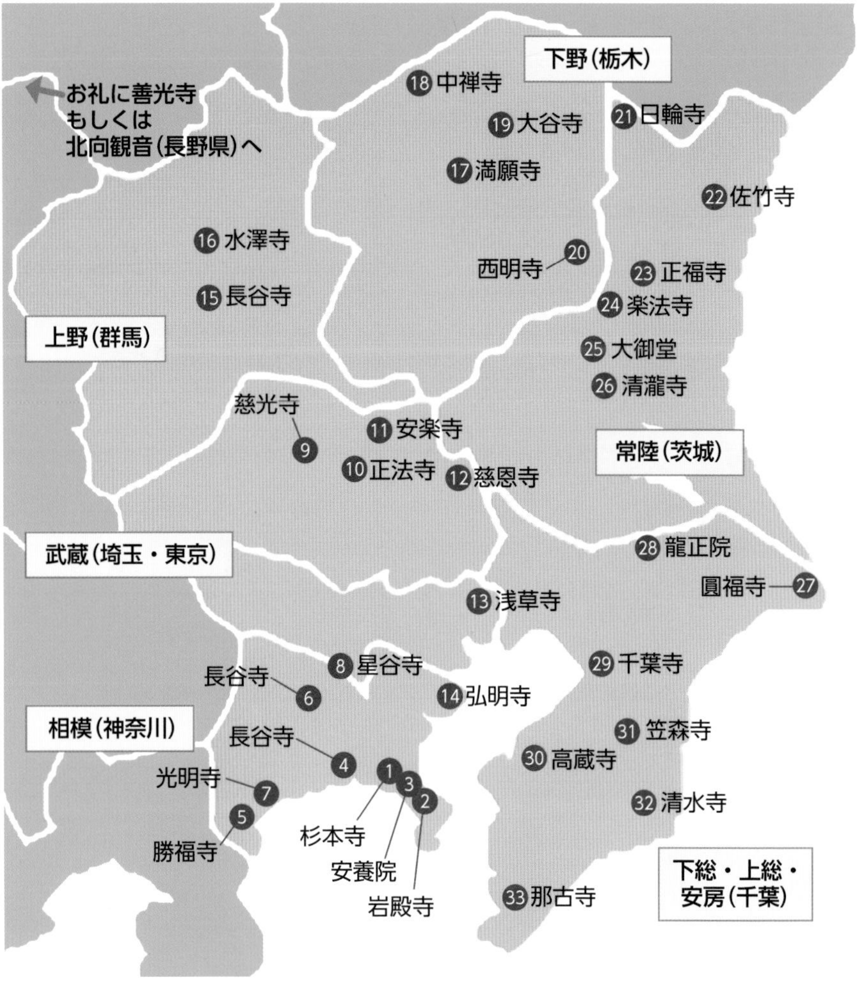

秩父三十四箇所

埼玉県秩父地方にある34箇所の観音霊場は、文暦元年（1234年）、甲午3月18日開創。札所本尊の観音像は、通常は秘仏として厨子内に納められているが、12年に一度、午年に扉が開かれ、これを午年総開帳《うまどしそうがいちょう》とする。午年に総開帳が行われるのは、馬が観音の眷属であるから、あるいは秩父札所の開創が文暦元年甲午年であるからとも言われている。西国三十三所、坂東三十三所と合わせて日本百観音と言い、その結願寺は、34番水潜寺。結願したら長野市の善光寺に「お礼参り」をすることが習わしとされている

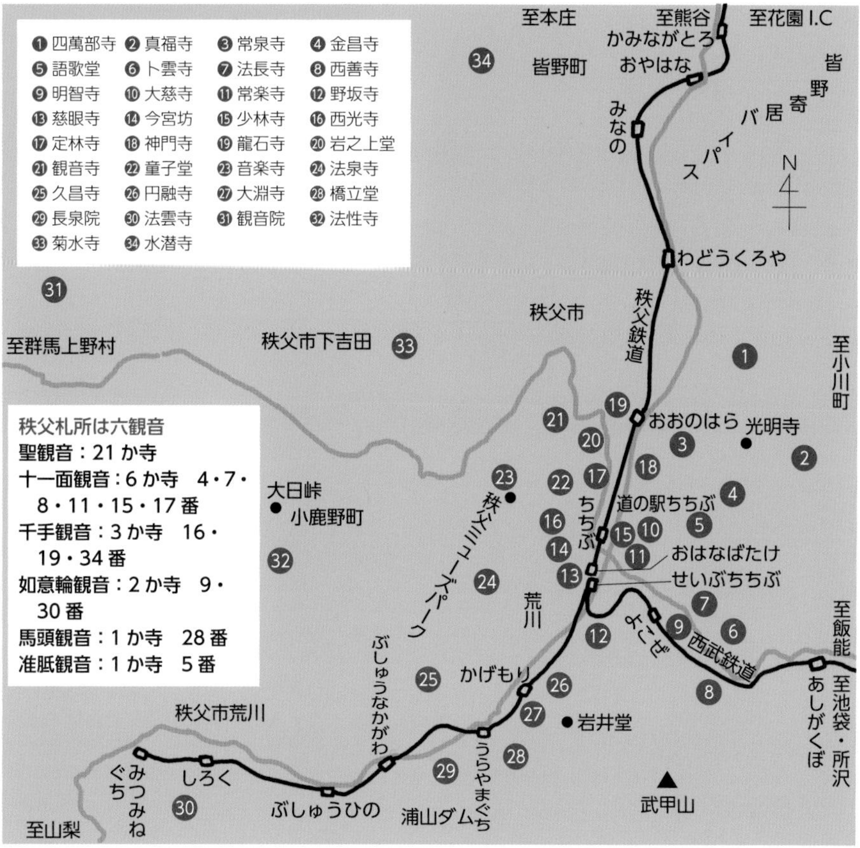

善光寺参り

長野県長野市にある無宗派の単立仏教寺院。住職は、天台宗の「大勧進」と、浄土宗の「大本願」とのトップが、交代で務める。女人禁制があった旧来の仏教の中で、女性の救済のお寺であった。善光寺聖の勧進や出開帳《でがいちょう》などによって、江戸時代末には「一生に一度は善光寺参り」と言われるほどの人気になった。日本百観音（西国三十三所、坂東三十三箇所、秩父三十四箇所）番外札所となっており、その結願寺の秩父三十四箇所の三十四番水潜寺で結願したら、長野の善光寺にお礼参りに行くのが慣例となっている

一光三尊阿弥陀如来像

本尊は、日本最古と伝わり、絶対秘仏である。丑《うし》年と未《ひつじ》年に前立本尊がご開帳となり、大勢の人が参拝に訪れる

牛に引かれて善光寺参り

「牛に引かれて善光寺参り」ということわざの由来は、思ってもいなかったことや他人の誘いによって、良いほうに導かれることという意味で使われる。昔、信濃国小諸に心の貧しいお婆さんが住んでいた。ある日、川で布を洗い干していると１頭の牛が現れ、角に布を引っかけて走り出した。その牛を追いかけて、お婆さんがたどり着いたのが善光寺。お堂に入ると、牛のよだれが「牛とのみ思い過ごすな　仏の道に汝を導く己の心を」と読めた。すると、おばあさんはすっかり信心深い人間に生まれ変わった。後日、近くの観音堂に詣でると、観音様の足元にあの布があった。おばあさんは牛は仏さまの化身と知り、ますます善光寺への信仰を深め、めでたく極楽往生を遂げたという

善光寺縁起

昔、天竺（インド）の大金持ち、月蓋《がっかい》長者が一光三尊阿弥陀如来に一人娘の病気を治してもらったのでその姿を仏像にして祀った
のちに月蓋が百済国の聖明王に生まれ代わり、仏像は自ら空を飛行して百済国に渡った
仏教は百済国を救い約千年が過ぎた
欽明天皇13（552）年仏像は船で日本国に渡る
これが日本の仏教伝来
欽明天皇から仏像を託された蘇我稲目は寺を造り仏像を祀った
疫病が流行り仏が災いを招いたと、物部尾輿《おこし》が寺に火をつけ仏像を焼き、叩き壊そうとしたが壊れなかった
それで、仏像を難波の堀江に投げ捨てた
エイッ
その後、蘇我稲目の子・馬子は父の志を継ぎ、仏法を信仰
仏
聖徳太子と共に、仏法に反対する物部尾輿の子守屋を攻め滅ぼす。聖徳太子と共に仏教を奨励した
まだここにいる
聖徳太子は難波の堀江に行き仏像をお連れしようとした
のちに信濃国の本田《ほんだ》善光《よしみつ》が難波の堀江を通った
善光とともに東国へ行く
エッ！
善光は仏像を連れ帰る
家の臼の上に安置
仏像のお告げに従い、現在の地にお堂を建てて安置
善光の自宅がお寺になり、「善光寺」となった

仏教の信仰と行事

最後の章では、仏教に基づく信仰と行事をご紹介します。
干支によって決まり、その人の一生を守ってくれる
「守り本尊」、亡くなった人を浄土に導く「十三仏」、
お正月にめぐる「七福神」。
お盆の由来についても解説します。
また、祈りのために唱える「般若心経」もご紹介します。

守り本尊

「生まれ年の干支」によって、人はそれぞれの「守り本尊」が定められている

虚空蔵菩薩

寅《とら》年

虚空蔵菩薩

丑《うし》年

千手観音菩薩

子《ね》年

普賢菩薩

巳《み》年

普賢菩薩

辰《たつ》年

文殊菩薩

卯《う》年

「守り本尊」とは、生まれてから死ぬまで、その人の一生を守り続けてくれる仏さまのことで、「一代本尊」とも呼ばれる八仏。生まれ年によって守り本尊が定められているが、いつこの信仰が始まったのかは不明とされる（1月1日から節分の2月3日までに生まれた人は前年の干支として守り本尊が決まる）

大日如来

申《さる》年

大日如来

未《ひつじ》年

勢至菩薩

午《うま》年

阿弥陀如来

亥《い》年

阿弥陀如来

戌《いぬ》年

不動明王

酉《とり》年

十三仏と対応する裁判官

「十三仏」とは、亡くなった人が浄土に行けるかどうかを冥土で裁く裁判官であり、13回の追善供養（初七日～33回忌）を司る本地仏。インドでは四九日までだったが、中国に伝わってから道教の十王思想の影響を受けて10の仏さまが選定され、十王に対する本地仏（本来の姿の仏）とされた。日本では室町時代に3人の仏さまが加わり、十三仏信仰が完成した

不動明王／秦広王《しんこうおう》

初七日（7日目）

釈迦如来／初江王《しょこうおう》

二七日（14日目）

文殊菩薩／宋帝王《そうたいおう》

三七日（21日目）

普賢菩薩／五官王《ごかんおう》

四七日（28日目）

薬師如来／泰山王《たいざんおう》

七七日（49 日目）

弥勒菩薩／変成王《へんじょうおう》

六七日（42 日目）

地蔵菩薩／閻魔王《えんまおう》

五七日（35 日目）

阿弥陀如来／五道転輪王《ごどうてんりんおう》

3 回忌（3 年目）

勢至菩薩／都市王《としおう》

1 周忌（2 年目）

観音菩薩／平等王《びょうどうおう》

百箇日（100 日目）

虚空蔵菩薩／法界王《ほうかいおう》

33 回忌（33 年目）

大日如来／祇園王《ぎおんおう》

13 回忌（13 年目）

阿閦《あしゅく》如来／蓮華王《れんげおう》

7 回忌（7 年目）

七福神

室町時代に、「仁王般若波羅蜜経」の「七難即滅《しちなんそくめつ》　七福即生《しちふくそくせい》」（七難を消滅すれば、七福が生ずる）が流行したことから、七福神の信仰が生まれたとされる。７つの福徳に、それぞれ福神を配している。大黒天、毘沙門天、弁才天は仏教から、寿老人、福禄寿、布袋は中国道教、恵比寿神は神道からきている。江戸時代に、この七福神を１月１日～７日に巡ると、７つの福を授かり、７つの災いを避けるという「七福神参り」が流行した

			お姿
毘沙門天	大黒天	恵比寿	神名
福徳、厄除け	財宝、開運	商売繁盛、五穀豊穣	ご利益
宝塔 	打ち出の小槌 	鯛と釣り竿 	見分けポイント
インド	インド	日本	発祥
毘沙門天は、四天王の一仏で北を守る。別名「多聞天《たもんてん》」という。七福神の中で、唯一の武将の姿。左手に宝塔、足の下に邪鬼天の邪鬼を踏みつけている	大黒天の起源は、インドのシヴァ神（大自在天）の化身で破壊・武力の神のマハーカーラ。大黒天と漢訳され、日本の神道の神様である大国主命《おおくにぬしのみこと》と名前が似ているので同一視されるようになった	恵比寿は「夷」「戎」「蛭子」などの表記も。国造りの神「イザナギノミコト」と「イザナミノミコト」の第三子で満３歳になっても歩かなかったため、船に乗せられ捨てられてしまい、やがて漂着した浜の人々の手によって手厚く祀られたのが、信仰のはじまりとされる	どんな神様？

「宝船」とは、米俵や宝貨、七福神などを載せた帆掛け船。宝船の絵は正月２日の夜、初夢を見るために枕の下に敷く縁起物としても使われる

布袋	寿老人	福禄寿	弁財天
笑門来福、夫婦円満	長寿延命、諸病平癒	長寿延命、立身出世	財運、音楽・芸能
大きな袋 	 鹿と桃 	鶏鶴 	琵琶 
中国	中国	中国	インド
布袋尊は、七福神の中では唯一、実在の人物を神格化したという。弥勒菩薩の化身ともいわれ、いつも笑顔で、宝物がたくさん入った袋を背負って、信仰の厚い人に与えられたという	寿老人は、福禄寿と同じく星の化身で、にこやかな微笑みをたたえ、手には巻物を括り付けた杖、そして団扇や桃などを持ち、鹿を従えた姿。団扇は難を払い、桃は長寿のしるし、鹿もまた長寿の象徴である	福禄寿は、幸福の「福」、身分の「禄」寿命の「寿」の3文字からなる。中国の道教の長寿神。南極老人星の化身であり、中国の村や町に住み、人々の信仰を集めたといわれる仙人。長い頭、長いあごひげ、大きな耳たぶを持ち、年齢は１０００歳という	弁財天は、七福神の中で、唯一の女神。元はインドの河（水）の神であったが、やがて音楽の神の神となった。財宝・芸術に関係深い吉祥天の性格が吸収され「弁才天」が「弁財天」とも表記され財宝をも授けてくださる神に

お盆の由来

お盆は正式には「盂蘭盆《うらぼん》会《え》」といい7月または8月13日～16日に行われる仏教行事
「盂蘭盆」という言葉は、サンスクリット語の「ウランバナ」の音写語で「逆さ吊り」という意味
お釈迦さまの十大弟子の一人に、神通力第一といわれる目連《もくれん》尊者がいた
ある日、目連が自分の神通力で亡くなった母親の姿を見たところ、
喉乾いた
お腹すいた
母親は餓鬼道に堕ちており、逆さ吊りにされて飢えと渇きに苦しんでいた
母親を救おうと、神通力で食事や飲み物を送っても、目前で灰と化してしまいダメだった
母親は目連だけに偏った愛を注いだので、餓鬼道に堕とされていた
目連尊者がお釈迦さまに、なんとか母親を救いたいと相談した
お釈迦さま
お釈迦さまは「夏の修行が終わった7月15日に僧侶を招き、多くの供物を捧げて供養すれば母を救うことができるであろう」といわれた。
目連尊者がその教えの通りにしたら、母親は極楽往生が遂げられた
これがお盆の由来となる

精霊馬《しょうりょううま》

ご先祖さまの乗り物で、この世に帰ってくるときはキュウリの馬で速く、冥土に戻るときはナスの牛でゆっくりという意味が込められている

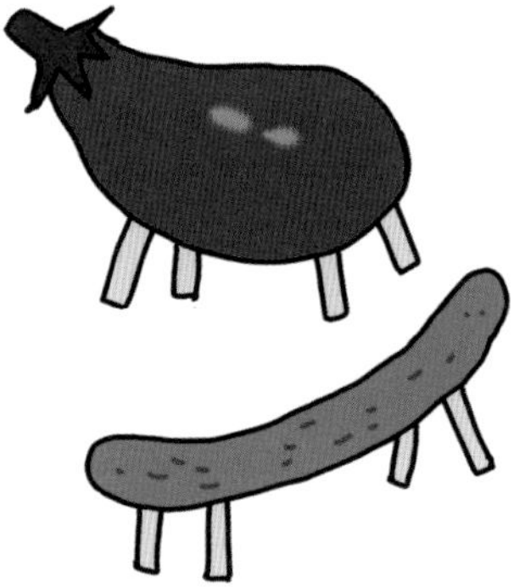

盆踊り

平安時代に空也上人によって始められた踊念仏《おどりねんぶつ》が、民間習俗と習合して念仏踊りとなり、盂蘭盆会の行事と結びつき、精霊を迎える、死者を供養するための行事として定着していったとされる（ちなみに著者は、盆踊りと仏像が好きすぎて「仏像音頭」という盆踊りを作詞作曲している！）

迎え火

迎え日である13日の午前中までに盆棚とお供え物を用意し提灯に火を灯す。オガラと呼ばれる麻の茎を折り、玄関などに置いた焙烙という素焼きに積み重ねて燃やし、合掌する。オガラを燃やした煙に乗って、ご先祖様の霊が家に帰ってくる

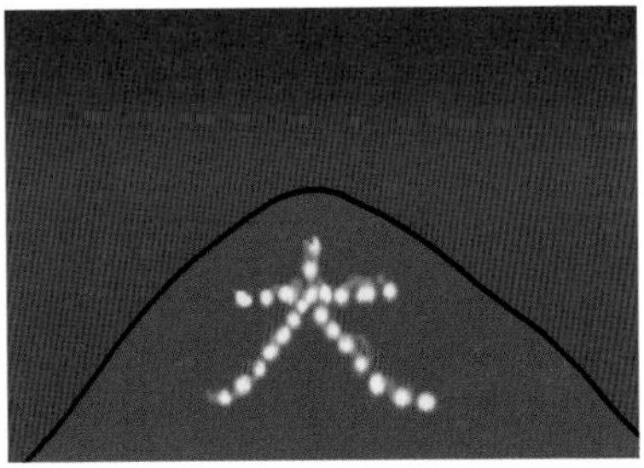

16日には、迎え火を行った場所と同じ場所でオガラを重ねて送り火を焚き、霊を送る。精霊送りの行事で有名なのは、京都の「五山送り火」や、奈良の「大文字送り火」、長崎の「精霊流し」など

般若心経

仏《ぶっ》説《せつ》摩《ま》訶《か》般《はん》若《にゃ》波《は》羅《ら》蜜《みっ》多《た》心《しん》経《ぎょう》

観《かん》自《じ》在《ざい》菩《ぼ》薩《さつ》　行《ぎょう》深《じん》般《はん》若《にゃ》波《は》羅《ら》蜜《みっ》多《た》時《じ》
照《しょう》見《けん》五《ご》蘊《うん》皆《かい》空《くう》　度《ど》一《いっ》切《さい》苦《く》厄《やく》
舎《しゃ》利《り》子《し》　色《しき》不《ふ》異《い》空《くう》　空《くう》不《ふ》異《い》色《しき》　色《しき》即《そく》是《ぜ》空《くう》
空《くう》即《そく》是《ぜ》色《しき》　受《じゅ》想《そう》行《ぎょう》識《しき》　亦《やく》復《ぶ》如《にょ》是《ぜ》
舎《しゃ》利《り》子《し》　是《ぜ》諸《しょ》法《ほう》空《くう》相《そう》
不《ふ》生《しょう》不《ふ》滅《めつ》　不《ふ》垢《く》不《ふ》浄《じょう》　不《ふ》増《ぞう》不《ふ》減《げん》
是《ぜ》故《こ》空《くう》中《ちゅう》無《む》色《しき》　無《む》受《じゅ》想《そう》行《ぎょう》識《しき》
無《む》眼《げん》耳《に》鼻《び》舌《ぜっ》身《しん》意《に》　無《む》色《しき》声《しょう》香《こう》味《み》触《そく》法《ほう》
無《む》眼《げん》界《かい》　乃《ない》至《し》無《む》意《い》識《しき》界《かい》　無《む》無《む》明《みょう》

「般若」は、
智慧のこと
鬼じゃないよ

「般若心経」は、智慧で悟りに至る大切なお釈迦さまの教えで、西遊記の三蔵法師として有名なお坊さんの玄奘《げんじょう》が、インドから中国に持ち帰り、翻訳したもの。

内容は、すべては実体がなく「空」であるということを言っている。

観音菩薩と舎利子《しゃりし》（舎利弗《しゃりほつ》。お釈迦さまの十大弟子のひとり）との会話劇で成り立っている。

亦無無明尽《やくむむみょうじん》　乃至無老死《ないしむろうし》　亦無老死尽《やくむろうしじん》
無苦集滅道《むくしゅうめつどう》　無智亦無得《むちやくむとく》　以無所得故《いむしょとくこ》　菩提薩埵《ぼだいさった》
依般若波羅蜜多故《えはんにゃはらみったこ》　心無罣礙《しんむけげ》　無罣礙故《むけげこ》
無有恐怖《むうくふ》　遠離一切顛倒夢想《おんりいっさいてんどうむそう》　究竟涅槃《くきょうねはん》
三世諸仏《さんぜしょぶつ》　依般若波羅蜜多故《えはんにゃはらみったこ》　得阿耨多羅《とくあのくたら》
三藐三菩提《さんみゃくさんぼだい》
故知般若波羅蜜多《こちはんにゃはらみった》　是大神呪《ぜだいじんしゅ》
是大明呪《ぜだいみょうしゅ》　是無上呪《ぜむじょうしゅ》　是無等等呪《ぜむとうどうしゅ》
能除一切苦《のうじょいっさいく》　真実不虚《しんじつふこ》　故説般若波羅蜜多呪《こせつはんにゃはらみったしゅ》
即説呪曰《そくせつしゅわつ》　羯諦羯諦《ぎゃていぎゃてい》　波羅羯諦《はらぎゃてい》
波羅僧羯諦《はらそうぎゃてい》　菩提薩婆訶《ぼじそわか》　般若心経《はんにゃしんぎょう》

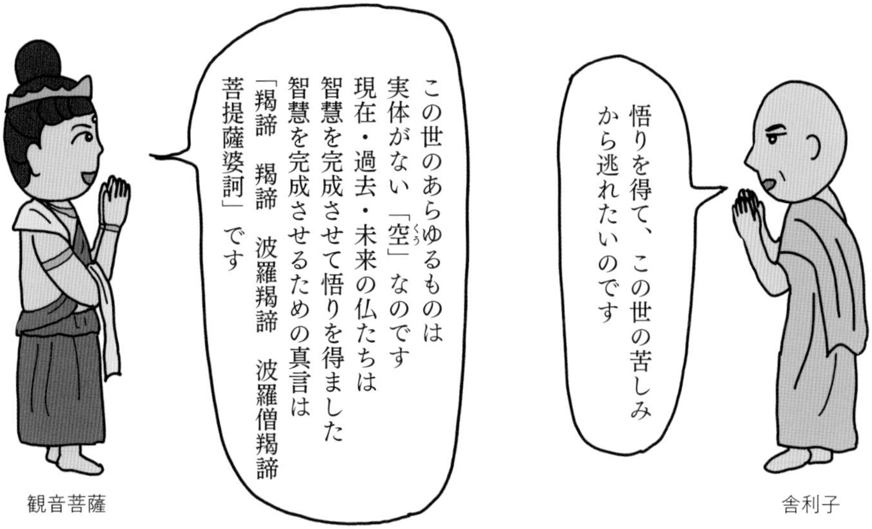

悟りを得て、この世の苦しみから逃れたいのです
この世のあらゆるものは実体がない「空《くう》」なのです
現在・過去・未来の仏たちは智慧を完成させて悟りを得ました
智慧を完成させるための真言は「羯諦　羯諦　波羅羯諦　波羅僧羯諦　菩提薩婆訶」です
観音菩薩
舎利子

田中ひろみ

イラストレーター & 文筆家。大阪府堺市出身。
幼い頃から絵の仕事がしたいと願うが、両親の希望に沿いナースになる。お金をためてから退職し、「セツモードセミナー」で絵を学ぶ。仏像本をたくさん出し、講演や仏像ツアーも行なう。『仏像なぞり描き』シリーズは累計約20万部のベストセラーに。これまでの著書は約70冊。女子の仏教レジャーサークル「丸の内はんにゃ会」代表や、奈良市観光大使も務める。
おもな著書に『心やすらぐ仏像なぞり描き』（池田書店）、『真言密教の聖地高野山へ行こう！』（JTB パブリッシング）、『東京・鎌倉仏像めぐり』『東海仏像めぐり』（ともにウェッジ）など。
ホームページ　http://usagitv.com

仏像イラストレーターがつくった

仏像ハンドブック

2020年11月20日　第1刷発行
2023年6月1日　第4刷発行

著　者　　田中ひろみ

発行者　　江尻 良
発行所　　株式会社ウェッジ
〒101-0052　東京都千代田区神田小川町一丁目3番地1
NBF 小川町ビルディング3階
電話：03-5280-0528　FAX：03-5217-2661
https://www.wedge.co.jp/
振替 00160-2-410636

ブックデザイン　　高瀬はるか
組　版　　株式会社リリーフ・システムズ
印刷・製本所　　シナノ印刷株式会社

※定価はカバーに表示してあります。　ISBN978-4-86310-229-3　C0026
※乱丁本・落丁本は小社にてお取り替えいたします。本書の無断転載を禁じます。